自転車は生き甲斐

63歳からの日本一周15,000キロ＆
オーストラリア・ライド

飯田 昇治
Shoji Iida

文芸社

目　次

刊行を祝す　〜友の声〜 …………………………………… 5
はじめに …………………………………………………… 7
〈自転車を始める人へのアドバイス〉 …………………… 11

日本一周編 ………………………………………………… 15

第 1 章　青森・秋田 ……………………………………… 16
第 2 章　三陸海岸 ………………………………………… 19
第 3 章　山　陰 …………………………………………… 23
第 4 章　羽　越 …………………………………………… 28
第 5 章　東・北 北海道 …………………………………… 32
第 6 章　西伊豆 …………………………………………… 37
第 7 章　能登半島 ………………………………………… 39
第 8 章　北 北海道 ………………………………………… 44
第 9 章　万博いきいき自転車の旅 2005 ………………… 49
第 10 章　東 九州 ………………………………………… 63
第 11 章　日豪・中高年自転車の旅 2006 in 北海道 …… 70
第 12 章　知多半島 ……………………………………… 88
第 13 章　九州西海岸 …………………………………… 90
第 14 章　四国一周・しまなみ海道 …………………… 95
第 15 章　東北・関東 太平洋岸 ………………………… 104
第 16 章　北　陸 ………………………………………… 110
第 17 章　西・南 北海道 ………………………………… 116
第 18 章　北九州・山陰・山陽・紀伊半島 …………… 128

第19章　補充ライド ･････････････････････････ 144
　　　(1) 東伊豆補充 ････････････････････････ 144
　　　(2) 東北・関東補充 ･････････････････････ 145
　　　(3) 山陰補充 ･････････････････････････ 147
　　　(4) 東 北海道・青森補充 ･･･････････････････ 150

日本一周編 あとがき ･･･････････････････････････ 157
付：日本一周の行程 ･･････････････････････････ 160
付：日本一周の行程地図 ･････････････････････････ 165

オーストラリア・ライド編 ･････････････････････････ 167

第 1 章　Newcastle ････････････････････････ 170
第 2 章　Friendship Ride in Perth 2007 ･･････････････ 181
第 3 章　Rail trail ride in Victoria 2009 ･･････････････ 196

再出版のあとがき ･･･････････････････････････ 209

刊行を祝す　～友の声～

海老澤 成享

　最近、周りの仲間達を見て、こんなことを思うようになった。日本の企業マンは仕事に全エネルギーを投じて燃え尽きてしまい、現役を退くと目的を失って冴えない老後を過ごしているように思う。振り返ると、充実の老後人生のためのノウハウを蓄えたり、趣味の世界で心を癒す術を学ぶ余裕もないままに自由人となり、その歳から改めて何かを始める意欲すらなくしてしまっている人が多いのは、如何(いか)にも寂しい光景である。

　この意味で、飯田氏が定年を迎えて、第二の人生にサイクリングを選び、これを生き甲斐にして、12年掛けて日本一周を果たしたことは、誠に見事な充実した生きざまで、感動の拍手を送りたい。その上、目標を達成した全記録が冊子に仕上がったことは、「素晴らしい」の一語に尽きる。

　飯田氏との付き合いは、昭和30年の大学入学から始まり、同じクラス、同じゼミナール、就職先は違っても同じコンピュータ関連の仕事に就き、今でもクラスの懇親会・旅行会のお世話役を一緒に務めている。そんな親しい間柄から、この輝かしい日本一周記録の冊子作りで、支援・応援団の一人に選ばれた。光栄なことであり、何かのご縁を感じずにはいられない。

　学生時代の成績はトップクラス、どちらかといえば地味な存在で、何事もやるべきことはきちんとこなすタイプだった。上記の旅行会では記念写真の数々をコンパクトにまとめるアルバムの作成と送付が、彼の担当である。

そんな彼の日本一周記録だから、氏を知る人達ばかりでなく、サイクリング同好の士には興味深い読み物になっていると思う。各コースでの事前調査・計画と本番の違い・マシン調整・体調チェック・天候対策・持ち物への工夫・臨機応変の対応力等、「そんなことも起こるの…」「やはりそういうことか…」「こんな手もあったの…」等、あたかも読者がその地へ出掛けたような心境になってしまうかもしれない。一読の価値十分、まさに乞うご期待である。

　付）この目出度き出版を祝して、私流の記念品を贈ることにした。それは、この冊子のカバー・裏表紙に掲載された、絵の苦手な人が描いた、拙い「自転車に乗る人」らしきマーク？である。よくご覧頂くと「イイ田昇治」のサインである。

　こんな拙いお祝いの言葉を綴って5年後に、増補版作りの話が出るとは、夢にも思わなかった。

　思うに、世の自分史の多くが、ごく限られた部数の印刷で、関係者のみの配付程度なのに、飯田氏の増補版刊行は快挙であり、再版支援者として喜びも一入である。

　追加のオーストラリア・ライド編は、飯田氏が定年退職後、サイクリングに没頭できるようになったご家族理解への源ともいえる図書の紹介から始まって、海外への対応の仕方、グループ内活動でのあり方、ホームステイの体験談など、国内編とは違った幅広い活動の具体的な展開で、再版に花を添えている。

　皆様のご一読をお願いして、再版の祝辞とさせて頂こう。

はじめに

　私がサイクリングを始めたのは次のような経緯からである。
　サラリーマンの定年を迎えるにあたって、この先何をやるかと考えた。テニスは健康維持のために続けるとして、ゴルフは付き合い程度はやるが趣味としてはそれほど楽しいものでもないし、第一金が掛かる。然(しか)らば何をやるか、と。
　昔20歳前後の学生時代に第1次サイクリングブームがあって、そのブームに乗ってやってみたら結構楽しい。当時の自転車は荷物運搬用の実用車と、走ることが目的の軽快車の2種類しかなかった。そこに外装または内装3段切り替えのサイクリング用自転車が現れたが、それは当時としては画期的な出来事であった。当時は貸自転車全盛で1日500円、事務職の学生アルバイトで1日280円程度の時代だから相当高価ではあった。その貸自転車を借りて走っていたのでは金の問題でいくらも走れない。そこでアルバイトで資金を稼いで中古の内装3段ドロップハンドルを購入した。価格は16,000円也。アルバイトは夏休みのデパートの配達をやったが歩合制で結構稼げた。
　このようなことを思い出して、定年後の趣味としてサイクリングをやることに決めた。そして会社の退職記念に自転車を希望して、前3段・後7

昭和33年　鎌倉稲村ヶ崎付近

段のクロスバイクを貰った。これで10年間走ることになる。因みに2台目は平成21年3月にロードバイクに乗り換えた。

　最初の長距離サイクリングは平成11年9月の青森・秋田（第1章）であるが、最初から日本一周を目指していたわけではない。年に1回のペースで続けていたが、3、4回目ぐらいから「これを続けて行けば日本一周ができるかもしれない」と、日本一周を意識するようになった。日本一周の定義は島嶼部を除く北海道・本州・四国・九州を意味する。そして平成21年5月の北九州・山陰・山陽・紀伊半島（第18章）で一旦日本一周を終了とすることにした。しかしこの時点では、厳密に言うと日没や台風のために走れなかった空白の部分が日本全国にあり、これらを逐一埋めて平成23年8月の東 北海道・青森補充（第19章）を以て日本一周を完結した。日本一周の全走行距離は一部重複して走った部分もあるが15,000kmとなる。

　掛かった費用は全部で約300万円で、内訳は大雑把に宿泊費・飲食費・観光等全て含めて1日10,000円と、ご当地までの航空機・新幹線等の往復交通費となっている。

　参考までに装備についてであるが、服装はヘルメット・手袋・サイクルウェア・ロングパンツ（事故防止のため、夏でも着用）・小型ウェストバッグ（中身は財布・小銭入れ・手帳・メモ帳・地図・走行計画書・デジカメ・その他小物）、携行品は輪行袋・工具一式・パンク修理用具一式・空気入れ・LEDライト・尾灯・雨具（ゴアテックスの上着とオーバーズボン）・着替え（最大5式）・洗濯用洗剤と干しひも、そのほかフレームには簡易型保冷袋に入れたペットボトルを付ける。上記携行品は約10Lの輪行バッグ2つに分けて入れ、自転車の後部

はじめに

キャリアー左右に取り付ける。荷物をバックパックで走る人もいるが、背中に負担が掛かって疲労増加の原因にもなり、走行も不安定になるので私は使用しない。伴走車が付く場合にはこれらのほかに、必要に応じて寝袋・マット等を持参する。

日本一周完結後は短距離ライドを続けている。

今年（2018年）の4月に3台目のロードバイクに乗り換えた。このバイクで残りの人生を楽しむことになる。

オーストラリア・ライドは日本一周の合間に行ったものであり、私の海外自転車旅行はこれだけである。

したがって私にとっては非常に貴重な体験であり一生忘れることはないと思う。そこでオーストラリアの実情について感じたところを二、三述べてみたいと思う。

まずオーストラリアの交通事情であるが日本と同じ左側通行なので走りやすい。大きな街も小さな街も遊歩道が整備されていて、日本の軽自動車が十分走れるくらいの道路が延々と続いていて羨ましい限りである。ただし街中から一歩郊外に出ると幹線道路は制限速度が時速100kmなので、日本の東名高速道路の脇を自転車で走っているのと同じことになる。しかし道路脇は充分に広く自転車が車に巻き込まれる心配はほとんどないが、時々大きな材木を積んだ大型トレーラーが来ると、まるで戦車が来たみたいで恐怖に襲われる。

一歩郊外に出ると豊かな自然が沢山あって、特に大木の茂った車の少ない林間道路を走っていると風の音や鳥の鳴き声が聞こえてきて実に爽快な気分になり、自転車に乗っていて良かったという感慨に浸ることが度々あった。

次に宿泊事情であるが、最初のニューキャッスルはホームステイとオートキャンプ、2番目のパースライドはコテージ、3番目のR.TRAILはテントを使用した。オートキャンプとコテージはほとんど違いはないかもしれない。いずれの場合も設備は十分整っていて、我々は行ってただ使うだけといった感じである。

　なお、この本は自分史の一部分であると同時に、自転車愛好家、特に中高年の自転車愛好家の皆さんに何かの参考にしてもらえれば幸いであると思っている。

〈自転車を始める人へのアドバイス〉

1．自転車の選び方

　スポーツ用自転車には大きく分けて3種類あると言われている。
　（1）ROAD…舗装道路を速く走る
　（2）MTB…悪路や山道を走る
　（3）CROSS…MTBとROADのいいとこ取りをしたもの
　このほかにも多種多様の車種があって初心者には決められないので、**専門店に行って使用目的・体格・予算に合った車種を選んでもらうのが良い**。ここで購入する自転車にはこれからの自分の命を預けるわけだから、間違っても通販等で買わない方が良い。
　私は20年前に1台目の自転車を購入したが、当時は専門店の知識もスポーツ車の知識もなかったため、近所の自転車屋に頼んで「サイクリング車」といって購入した。その時買ったのは今で言う「クロスバイク」で、MIYATA・前3段・後7段・26インチ×28Cだった。これで日本一周の70％ぐらいは走っているので、クロスバイクでも結構走れた。
　2台目は専門店で「ロードバイク」GIANT・前3段・後8段・700×23Cを買った。これで日本一周の残り30％とそれ以降のライドに使っていた。現在3台目を購入した。

2．輪行について

　走る目的地まで公共の交通機関を往復利用してご当地を自転

車で走る、あるいはどちらか片道だけ交通機関を利用して自宅と目的地の間を走る、これらを輪行と言う。

公共の交通機関に自転車を持ち込む場合には、**輪行袋という自転車収納袋に入れれば国内の交通機関（飛行機、列車、電車、バス、船舶等）では無料で持ち込むことができる**。海外の場合には飛行機ではダンボール箱に入れて厳重に荷造りする必要がある。船舶の場合には経験がないので分からないが多分同じだと思う。

国内の交通機関を利用する場合には、常識として通勤で混雑する時間帯を避けるとか、電車内では混雑する車輌を避けて一番前か一番後ろに乗るとかの配慮が必要である。

3．ワイヤー交換について

ブレーキワイヤー・ギアチェンジワイヤーは切れたら交換するのではなく、一定距離または一定期間走ったら定期的に交換する必要がある。

旅先でワイヤー切断があるとまず修理ができない。事故現場から最寄りの町の自転車屋に行っても、小さな町の自転車屋には修理用のワイヤーは置いていない。たまたま大きな町の自転車屋で修理ができたとしても、その可能性はほとんど0(ゼロ)に近いと思わないといけない。

私は旅先の北海道と九州で2度ワイヤー切断があった。九州では街中の小さな自動車修理工場に頼んで交換してもらったが、北海道では大きな自転車屋も自動車修理工場も見当たらないため、旅行予定を切り上げて空路帰宅した。このように旅先でワイヤー切断があると旅行日程に支障を来すので、予め(あらかじ)定期的に

交換しておくことが必要である。

4．予備チューブの携行について

　パンク修理用具の中に予備チューブを入れておくと良い。それは旅先でパンクした時にその場でパンク修理をするのではなく、まずは予備チューブで交換しておいて宿に着いてからパンク修理を行う。こうすることによりロスタイムを最小限に抑えることができて旅が効率良く進行する。

　私も最初はその場でパンク修理をしていたが、途中から予備チューブを携行して精神的にも楽な気持ちで旅を続けることができた。

日本一周編

第1章　青森・秋田

　第1回の長距離サイクリングは、平成11年9月に青森県の大間〜青森〜小泊〜へなし〜秋田と430kmを4日間で走った。遠い昔の経験から大体1日100kmと決めて走り始めた。宿は厚生年金会館・旅館を利用した。最初に秋田を選んだのは、昭和63年から最後（平成9年の定年）まで勤めていたアキタ電子（株）（当時）に寄って友達に会うことを考えてこの地に決めた。

※　⇒は公共交通機関での移動、〜は自転車での移動を示す。

●9月26日（日）晴　秋田⇒青森⇒野辺地⇒下北⇒大間移動。
　本日の宿は「大間温泉海峡保養センター」。

●9月27日（月）晴　第1日目は大間〜野辺地⇒青森の110km。
　朝の散歩サイクリングで後輪がパンクしてしまったが、道路状況の悪い所は走るべきでない。特に遠出した場合にはパンクに対する細心の注意が必要。
　大畑からむつまでは向かい風でこれも大誤算。午後から徐々に右膝がおかしくなってきて、野辺地では立つのがやっとの状態であった。原因はサドルの高さ調節ネジの締まり不十分。野辺地から青森まではJRで移動。初日から目的地に着くことができず残念。本日の宿は「青森厚生年金会館」。

●9月28日(火)晴　第2日目は青森〜小泊の120km。

　膝の痛みが少し心配だったが予定通り青森を出発した。龍飛まではほぼ予定通りに来たが、龍泊ラインは予想をはるかに超えた高低差があり、標高490mの峠越えになってしまった。これは事前調査不足。それでも何とか暗くなる前に宿には到着できた。

龍飛崎

　しかし宿では腹が空き過ぎて山海の珍味が全然食べられず残念だった。原因はこの日は"水分不足"と思っていたが、後にエネルギーの供給不足と判明した。

　この日は途中の高野崎で日本一周中の伊豆田俊君(伊勢原市在住)に会い、その後も付き合うことになる。今日の宿は「飛龍閣」。

●9月29日(水)晴　第3日目は小泊〜へなし(不老不死温泉)の110km。

　8時の出発で、途中道を間違えて少し遠回りをしてしまったが、ほぼ予定通り不老不死温泉に到着した。予約した宿が同名の不老不死温泉であったが、たまたま空室があったので泊まることができた。ここでも腹の空き過ぎでほとんど料理が食べられなかった(自転車で長時間走る時には、常にエネルギー源を補給しながら走らねばならないことを知ったのは、ずっと後になってからのことである)。今日の宿は「黄金崎不老不死温泉」。

●**9月30日（木）曇・小雨**　第4日目は　へなし〜秋田の110km。

　8時過ぎの出発で、十二湖入口・八森・能代・浅内で昼食。能代から八郎潟までは道路標識の不備が多く予定のコースを走ることができなかった。八郎潟の中の道路は単調で、道の両側にあるはずの田圃（たんぼ）も湖も障害物があるため何も見えず、ただひたすら走るだけ。船越に来たらもう終わったも同然で、その後のアキタ電子天王工場まではヴィクトリーランの感じ。天王工場には就業時間中に着くことができたので、会社の応接室で会社幹部や後輩にも会って、夜は会社のクラブで宴会を開いてくれて楽しい一時を過ごした。今日の宿は秋田「ワシントンホテル」。

●**10月1日（金）晴**　秋田空港⇒羽田空港⇒平塚で帰宅。

【今回の旅の総括】
1．リュック背負いの走行は駄目で荷台が必要。走行メーターは有効。
2．タイヤがそろそろ薄くなってきたので来春に交換が必要。
3．長時間走行なので無理せずにギアを一段落として走行すること。

第2章　三陸海岸

　第2回の長距離サイクリングは、平成12年10月に青森〜塩竈の三陸海岸590kmを6日間で走った。今回この地を選んだのは、塩竈に会社の先輩（福来さん夫妻）が住んでいるのでお二人を訪ねるためだった。

●**10月10日（火）晴**　第1日目は青森空港〜八戸の130km。
　空港から浅虫までは予想通り下りの横風で快適な走りだった。途中道路工事があって少しうろうろしてしまった。浅虫から野辺地も追い風で快適な走りだった。この区間は昨年電車で移動した青森〜野辺地部分で空白区間を補った。野辺地浜町では現存する日本最古と言われる常夜燈を見てきた。八戸着は夕方暗くなってしまったが、やはり秋は日が短いので距離を稼げない。
　また、今回もサドルが下がる事態が発生してしまった。原因はサドルを固定するワンタッチレバーの使用方法について理解していなかったことが後に判明。今日の宿は「青森厚生年金休暇センター」。

●**10月11日（水）晴**　第2日目は八戸〜黒崎の110km。
　午前中は向かい風に悩まされ、午後は上り坂に悩まされた。今日は長い坂が2つあって、1つは久慈・野田間、もう1つは黒崎で最後の「くろさき荘」までの坂。黒崎に到着した時には薄暗くなっていて、宿泊先の国民宿舎の場所を聞いたら100m

の崖の上と聞いてがっくり。自転車を押して上ったが宿に着いたら真っ暗。サイクリングでも登山でも何でもそうであるが、旅は朝早く出て夕方早目に着くというのが基本で、それを実行するようになったのはもう少し後になってからである。今日の宿は「国民宿舎くろさき荘」。

● **10月12日（木）曇**　第3日目は黒崎～宮古⇒釜石の70km。

　朝食の時間の関係で出発は8時半過ぎ。海抜100mの宿を出発してほとんど下りの海岸線を走って島越に行き、北山崎めぐり観光船に乗って景岩・奇岩を楽しんだ。観光船を下りた後、いざ出発となって驚いた。頭上はるかかなたに橋が見えたので、あんな山のてっぺんに道があるのかと思って遊覧船の会社の人に聞いてみたら、あれが国道45号線で自分がこれから行く所と聞いてがっくり。1時間ほど自転車を押して上ってようやく国道に出てやれやれ。お陰で予定がだいぶ狂ってしまい、釜石まで行けずに宮古で打ち切り。宮古から釜石まではJRで移動した。今日の宿は「ホテルまるえ」。

● **10月13日（金）曇・晴**　第4日目は釜石～気仙沼の110km。

　朝8時の出発でまずまずの出足。昼食は大船渡で順調なライドと思っていたら、気仙沼に来てからまたサドル下がりのトラブルで、結局5時着の予定が6時の到着になってしまった。秋の日暮れは早く、距離稼ぎは不可能。

　今日も坂はあったが、2、3日目に比べると少し緩くなってきている感じがする。毎日が坂との戦いで、次回からはこれを十分考慮しないと目的が達成できないと反省する。今日の宿は

高田松原

「民宿吹上荘」。

● **10月14日（土）曇・晴** 第5日目は気仙沼〜女川の90km。

朝8時半の出発。気仙沼を出てから坂は以前に比べると厳しさが少しずつ減ってきている感じはする。しかし5日目ともなると膝はがくがくで上り坂は相変わらず大変であった。本日の宿は牡鹿半島

石巻線　女川駅

先端の国民宿舎の予定であったが、女川で時間的に無理と判断して国民宿舎の予約を解約して女川の民宿に泊まった。当初計画は女川泊まりであったので当初計画に戻っただけの話である。

この民宿がまた凄くて、「開運！　なんでも鑑定団」に出てきそうなお宝の数々が部屋中に飾ってあり、凄い民宿もあるものだと感心してしまった。帰宅後、解約した国民宿舎には違約金2,000円也を支払った。今日の宿は「丸正旅館」。

●**10月15日（日）晴**　第6日目は女川〜塩竈の80km。

　朝9時前の出発で余裕のライド。午前中に石巻まで来て、午後は松島で観光船にも乗れた。4時半に塩竈に着いて今回の旅行は無事終了した。

　夜は福来さん*ご夫妻と夕食を楽しんだ。

　今回のサイクリング旅行は、全行程坂道との戦いで、ほとんど終日それに費やされた。

　今日の宿は「ホテルグランドパレス塩釜」。

＊日立製作所時代（昭和34〜63年）の職場の先輩。

●**10月16日（月）晴**　塩竈⇒仙台⇒山形⇒平塚で帰宅。

　仙台からJR仙山線で山寺（宝珠山立石寺）に立ち寄ったが、山寺はただ階段を上って下りてきただけ。山形では博物館・美術館を見る予定にしていたが、月曜日は全部休館でアウト。ほかに見るものもないので山形新幹線で早々に帰宅した。

■陸前高田市の高田松原と石巻線女川駅は、平成23年3月11日の東日本大震災の津波で壊滅した。

第3章 山　陰

　第3回の長距離サイクリングは、平成13年5月に宇部～敦賀の山陰海岸740kmを7日間で走った。

●**5月14日（月）晴**　第1日目は宇部空港～仙崎の80km。
　宇部空港近辺の道路が入り組んでいて分かりにくく、小野田までちょっと苦労した。厚狭(あさ)からは中国山脈を横断することになるが、亀石峠と大ヶ峠は予想通り低い峠で自転車に乗って上れた。金子みすゞの故郷・仙崎には予想より早く着いたので、みすゞ館やみすゞ通りの見学、遊覧船に乗る、と全部やることができた。早目の到着は非常に良い。今日の宿は「民宿きらく」。

●**5月15日（火）晴**　第2日目は仙崎～益田の100km。
　仙崎は9時の出発。途中萩で吉田松陰の松下村塾や伊藤博文の屋敷を見たりした。目的地の益田に入る手前4～5kmの所で後輪がパンク。これは道路左端を走っていたが、後ろから大型トラックが近づいてきたのでスピードを落とさずにコンクリートの下水蓋のような物に乗り上げたのが原因。海辺の小屋でパンク修理を試

松下村塾

みたが、水がなくて穴の位置を特定できず失敗。仕方がないのでタクシーを呼んで、まず町の自転車屋に行ってパンク修理を翌朝までにと依頼して宿へ。今日の宿は「パークホテルハクセイ」。

> **本日の教訓** 1．早く見極めをつけて次の行動を決断すること。

●5月16日（水）晴　第3日目は益田〜浅利⇒出雲の80km。

　まず昨日の自転車屋に行ったら、チューブに修理跡が沢山ありタイヤも減っているので全部交換したという話。思わぬ出費となってしまった。更に出雲の3、40km手前で換えたばかりの後輪がまたまたパンク。この辺の道路はアスファルトが夏の暑さで溶けて道の端に盛り上がっており、そこに速度を緩めずに乗り上げたのが原因。付近の自動車工場でパンク修理をしてもらって、あとは時間の関係で無人駅の浅利から出雲までをJRで移動した。今日の宿は「島根厚生年金会館」。

> **本日の教訓** 1．昨日と今日のパンクの原因は異なるが、怪しい所は細心の注意が必要。

●5月17日（木）晴　第4日目は出雲〜東郷町の160km。

　朝9時の出発。出雲大社、松江、米子を通って東郷町まで。今日はパンクだけは避けたいということで慎重に操作をして無事に到着した。

　今日はほとんど平坦な道路が多くて、しかも午前中は追い風で調子が良かった。しかし、1日160kmは計画に無理があると

いうことで、予定は80～100km/日とし実算で100～120km/日というような計画にしないといけない。今日の宿は「厚生年金鳥取ふじつ荘」。

●**5月18日（金）晴**　第5日目は東郷町～竹野町の120km。

朝8時半過ぎの出発。途中白兎海岸・鳥取砂丘を通ったが、ここは一昨年「早数七の会*」の山陰旅行で立ち寄った所なのでパス。午後は余部鉄橋の下で写真を撮ったが、鉄橋の下の喫茶店に列車の通過時刻が掲示してあり、一休みしてから鉄橋を通過する列車の写真を撮った。その後竹野町に近づくにしたがって集落間の山坂が多くなり、坂そのものは小中規模であるが如何せん数が多い。明日の丹後半島は変更した方が良いかと考える。今日の宿は「休暇村竹野海岸」。

出雲大社

＊早稲田大学数学科第7期生（昭和34年卒）の同期会。

山陰本線　余部橋梁

● 5月19日（土）晴　第6日目は竹野町〜宮津（天橋立）の80km。
　朝9時前の出発。昨日の行程を顧みて丹後半島は山坂が多いことは十分予想されるため、予定を変更して直接天橋立に行った。午前中は山坂もあったが、午後は網野町からの道は予想に反して大した坂もなく、4時半と早目に到着した。今日の宿は「民宿吉田」。

● 5月20日（日）晴　第7日目は宮津〜敦賀の130km。
　朝は9時前の出発。舞鶴で赤レンガ博物館と引揚記念館を見てきたら1時間ぐらい掛かってしまい、だいぶ時間を食ってしまった。敦賀の町に入る所で自動車専用道路はトンネルを通って直進しているのに一般道は緩い坂道の大回り。大した坂ではなかったのでそれほど苦しくはなかったが、1日の最後に来ての坂道は、少し辛かった。本日の宿は敦賀の「ホテルα1」。

● 5月21日（月）晴　敦賀⇒福井⇒小松空港⇒羽田空港⇒平塚で帰宅。
　敦賀からJRで福井に出て、京福電鉄三国芦原線で東尋坊に行ってきた。東尋坊では遊覧船に乗って海から断崖絶壁の景観を眺めてきた。ほかに見るものもないので福井に戻り、そして小松空港から帰宅した。

　長距離サイクリングは今回で3回目であるが、この頃から日本一周を意識し始めるようになった。今までのように年に1〜2回で少しずつ繋げて行けば、全部繋げるはずであるというふうに考えるようになった。

《後日談》5月21日（月）の帰宅後に胃の調子がおかしいので、6月7日（木）に近くの平塚共済病院に行って胃カメラを呑んで診察してもらった結果、急性胃潰瘍(いかいよう)ということで即入院となり、13日間の入院となってしまった。急性胃潰瘍の原因は、空腹で激しい運動（サイクリング）を続けたことによるものであることが後で分かった。

東尋坊

今回のサイクリング以前にも、空腹なのに昼食や夕食がほとんど食べられないということが数回あったが、当時はその原因が分からなかった。要するに補給する必要があるということである。

本日の教訓 1．エネルギーを常に補給しながら走ること。

第4章 羽越

　第4回の長距離サイクリングは、平成13年10月に新井～秋田の羽越海岸線420kmを5日間で走った。今回の目的は新井のよしえ叔母さんに会うことと、再度秋田に行って旧友に会うことだった。新井の家に予め自転車を送っておいて、そこから出発した。

●**10月2日（火）晴・雨**　第1日目は新井～柏崎の60km。
　正午前に新井の家に着いて叔母さん・敏ちゃん・道子ちゃんに会って話をし、自転車を組み立てて昼食を食べてから、1時前に出発した。天気は曇っていたが、低気圧が西から近づいていて風が少し強かった。県道新井・柿崎線を通って柿崎に向かったが、柿崎に近づくにつれて雨模様となり風も強くなって前途多難を思わせた。柿崎の町に入って国道8号線を右折すると、強い西風が今度は追い風となり台風並みの強風を背中に受けて時速30～35kmで快走した。多少の上り坂もトップギアのままギアチェンジなしでぐんぐん走った。
　鯨波から旧道に入って番神岬に立ち寄った。ここは昔、柏崎に住んでいた時に泳ぎに来た所。柏崎に入って柏崎小学校を見たが、校舎も敷地も改築中で昔の面影は少ししかなかった。今日の宿「雷神」の前を通り過ぎて荒浜まで行ってしまったため引き返したが、今度は強烈な向かい風でギアを最低に落として走り、ようやく到着した。今日の宿は「SEA YOUTH雷神」。

●**10月3日(水)晴** 　第2日目は柏崎〜新潟の110km。

夕日の丘公園

　柏崎は小学校3〜4年の時に1年間住んだ所なので、朝食前に昔の面影を求めて見て回った。柏崎小学校がこぢんまりしてしまったこと、帝石がなくなってしまったこと、布川さんも富川八百屋も長谷川金物屋もなくなって、昔の面影は何もなかった。

　柏崎の出発は8時半。出雲崎で良寛さんに関する歴史的な建物・資料・銅像を見てきた。刈羽原発サービスホール・石油記念館・のずみの森美術館はどれも定休日で外から眺めただけ。当初の計画では寺泊・野積から弥彦に抜ける予定であったが、越後七浦シーサイドラインに変更した。思ったより坂道が少なくて助かった。新潟市近くになったら海岸線にサイクリング道路があって走りやすかったが、ほんの少しで終わり。今日の宿は「ホテルα1新潟」。

●**10月4日(木)晴** 　第3日目は新潟〜鼠ヶ関の120km。

　早朝散歩で護国神社は見てきたが、県政記念館が分からず時間をロスしてしまった。8時半前に出発したが、萬代橋を渡らないと村上方面には行かれないということが分かって、ここで

も時間をロスしてしまった。新潟市内から市外地に出るのが大変で、ここでも時間のロスが出ている。途中道路は狭い部分が多く大型トラックには悩まされた。また軽い向かい風の連続で距離が稼げなかった。そのため途中の見学は全てパス。村上から鼠ヶ関までの夕日ラインは坂もなくてなかなか良かった。朝方生じた時間のロスを最後に来ても挽回できず、本日の目的地はあつみ温泉の予定であったが鼠ヶ関の民宿に泊まることにした。今日の宿は「民宿かねしょう」。

●10月5日（金）雨・晴　第4日目は鼠ヶ関⇒酒田〜吹浦の30km。

山居倉庫（酒田市）

今日は朝から雨で走行を諦め電車で移動したが、乗り継ぎ駅の酒田で天候が回復してきたので途中下車して自転車を組み立て酒田市内を見物した。約4時間の酒田市内見物の後、吹浦に向かったが、朝方は今日のライドを諦めていたこともあって、楽しいライドになった。今日の宿は「国民宿舎とりみ荘」。

●10月6日（土）曇・晴　第5日目は吹浦〜秋田の100km。

朝方、鳥海ブルーラインの料金所（跡地）に行ってきた。出発は8時過ぎで、金浦では白瀬矗（しのぶ）中尉の南極記念館を見学し

てオーロラの実演も見てきた。秋田市街に入る手前の大森山動物公園付近で国道を外したら少し遠回りになってしまったが、何とか秋田に到着した。今日の宿は「ホテルハワイ」。

● **10月7日（日）晴**　秋田空港⇒羽田空港⇒平塚で帰宅。

【今回の旅の総括】
1．季節による風の影響を考えること。
2．キャリーバッグの締め方に十分な安全思考が必要であること。
3．見物時間を30分～1時間として最初から計算に入れておくこと。
4．歩道での段差徐行の励行。

第5章 東・北 北海道

　初めての北海道挑戦は、平成14年7月に420kmを5日間で走った。目的地に飛行機で行く時は第1日目にもある程度走るようにしているので、羽田空港を7〜8時に出るようにしている。したがって朝は4時起き。

●7月18日（木）晴　第1日目は釧路空港〜浜中町霧多布の110km。

釧路湿原

　釧路空港から釧路市内までは旧軌道敷のサイクリング道路で人も少なくて走りやすかったが、走路には細かい亀裂が多くちょっと気になった。釧路湿原では展望台からの眺めが期待していたほどではなくてちょっと残念。幣舞橋のたもとの会館で食事をした後、厚岸に向かって走り始めたが、北太平洋シーサイドラインはアップダウンが激しく相当きつかったので途中から国道に出た。厚岸で民宿に電話して再度シーサイドラインを走ったが、走り始めてみるとまたもやアップダウンの連続で、車なら問題ないが自転車には相当こたえる。だんだん暗くなってくると「熊に注意」の看板も気になる。自転車は音がしない

ため道端で鹿や狐には何回か出遭った。ついに7時頃になって道端で小休止していたら民宿の軽トラが迎えに来てくれた。

民宿に着くと夕食が始まるばかりになっていて、風呂もなしで食卓に並んだ。今夜の目玉は花咲ガニが1匹ずつ。うまく食べられないので若い女性にあげたら喜んで上手に食べてしまった。翌日分かったのだが彼女はナナハンドライバー。女性ライダーは格好いい。今日の宿は「民宿わたなべ」。

> 本日の教訓 1．初日は控え目な行程にしないといけない。

● **7月19日（金）曇・霧**　第2日目は浜中町〜根室の90km。

朝早起きをして朝靄の中、霧多布岬に行ってきた。濃い霧の中何も見えず、牧場の馬が霧の中でなかなか様になっていた。

朝8時過ぎ、同宿者の見送りを受けてトップに出発。浜中町の霧多布湿原（MGロード：Marshy Grassland Road）を走ったが、足元から湿原が広がっていてこれぞ湿原という感じであった。ここから先は北太平洋シーサイドラインを諦めて国道44号線を行くことにした。さすがに国道は細かいアップダウンは少なくて海岸線よりは走りやすい。途中厚床の駅前で東京から車で来たご夫婦に会った。厚床からは更に国道44号線を走って春国岱と同原生野鳥公園ネイチャーセンターを見学した。根室市街に近づくと道路のアップダウンが激しくなり、最後に来て消耗した。根室の宿舎に着いてから納沙布岬は自転車では時間的に無理なのでバスで行った。往きはよいよいで帰りは最終バスで真っ暗。今日は国道を走ったのは正解であった。明日は晴雨にもかかわらず厚床まで列車で移動する。今日の宿は

「イーストハーバーホテル」。

● **7月20日（土）曇・晴**　第3日目は根室⇒厚床〜標津⇒羅臼の60km。

　根室から厚床までは昨日とダブるので列車で移動した。厚床は10時過ぎの出発。風蓮湖畔の道路はまずまずで、湿原の周りを走っている感じでなかなか良かった。白鳥台では眼下の海辺の湿原に鶴が2羽いるのが確認できた。標津に来て野付半島は時間の関係で省き、同町ポー川史跡自然公園を見学した。その後羅臼までの所用時間を計算すると夕方までの到着は難しいようなのでバスで移動した。今日の宿は「知床観光ホテル」。

● **7月21日（日）曇・霧（朝）**　第4日目は羅臼⇒知床峠〜斜里⇒網走の60km。

　朝、羅臼から知床峠までは厳しい上りが想定されるためタクシーを利用。今回の北海道サイクリングのハイライト、知床峠のダウンヒルは大成功。16kmの下りを30分で走った。ウトロで遊覧船に乗って海から知床半島を見たが期待外れだった。オシンコシンの滝を見て斜里に着いたら網走までは時間的に無理と判断、斜里から網走までは列車で移動した。今日の宿は「網走CT（サイクリングターミナル、以下同じ）」。

● **7月22日（月）曇・雨**　第5日目は網走〜計呂地⇒紋別の90km。
　朝食前に網走市内を見物した。
　8時半過ぎに出発して博物館網走監獄を見た。網走から能取湖を通ってサロマ湖までのオホーツクサイクリング道路は素晴

らしく、走路の亀裂もほとんどなくて良かったが、最後の部分で道路がなくなってしまい、おまけに向かい風が強くなってきて厳しさを増してきた。浜佐呂間町

網走刑務所

で昼食後走り始めたが、雲行きがだんだんおかしくなってきて小雨も降り出してきたので、計呂地のバス停小屋に避難しバスで移動することにした（この頃は雨天には走行せず公共交通機関で移動していた）。ここで乗車したバスは湧別町行きだったが、運転手の取り計らいで途中の道路上で紋別行きのバスに乗り換えて無事に紋別に着くことができた。網走交通と北紋交通のバス運転手に感謝。今日の宿は「紋別セントラルホテル」。

●**7月23日（火）曇・雨**　紋別⇒浜頓別でバス移動。

午前中は紋別でオホーツクタワー・流氷センターを見学し、クリオネの現物も見た。バスは2回乗り換えで、自転車とバッグの大荷物を持っての移動は楽ではない。今日の宿は「北オホーツク荘」。

●**7月24日（水）晴・雨**　浜頓別⇒稚内でバス移動。宗谷岬見物。

午前中は晴れていたが、稚内の天気予報が午後雨だったので自転車走行はやめた。稚内では雨の中をバスで宗谷岬に出掛けたが、ご当地は強風と雨でただ来ただけとなってしまった。宿ではこの季節、ストーブを焚いていてちょっとびっくり。今日の宿は「民宿中山」。

●**7月25日（木）雨・晴**　稚内⇒旭川空港⇒羽田空港⇒平塚で帰宅。
　稚内からは宗谷本線のスーパー宗谷2号で旭川まで。旭川では常盤公園とアイヌ記念館を見物したが、雪の美術館は前まで行っただけ。旭川空港から午後の飛行機で帰宅した。

【今回の旅の総括】
　第6・7日目は雨のためバスで移動したので、今回のサイクリングは5日間420kmで終了した。今回は列車・路線バスでの移動が多かったが、これも体力の消耗を防ぐ意味からも大いに利用したら良いと思う。

日本一周編

第6章　西伊豆

今回は平成15年3月に伊豆急下田駅から熱海まで170kmを2日間で走った。

●**3月31日（月）晴・曇**　第1日目は平塚⇒伊豆急下田駅～土肥の80km。

9時半前に走り始めて、まず下田市内で豆州下田郷土資料館と了仙寺・長楽寺の桜を見てから石廊崎に向かったが、強い向かい風に悩まされた。石廊崎から松崎までは136号線を走った

長楽寺の桜

が、峠越えの連続で参ってしまった。松崎から土肥までは比較的低い丘程度で何とか乗り続けることができ、予定より30分程度の遅れで到着できた。

石廊崎以降は見物予定を全部パスして走行に費やした。道中、桜は満開で花見をしながらの走行で、坂上りの時は随分癒された。今日の宿は「土肥ふじみ荘」。

●**4月1日（火）晴**　第2日目は土肥～熱海⇒平塚の90km。

朝食前に土肥町を見物し、土肥金山（入口の門）や松原公園でギネスブック公認の直径31mの花時計を見てきた。朝食が8

時からで、したがって出発が8時半過ぎになってしまった。8時前には出発しないとどうも予定が消化できない。

　土肥を出て戸田までは峠を1つ越えなければならないことは覚悟していたが、戸田から大瀬崎までは峠が2つあって予定がだいぶ狂ってしまった。この時点で平塚までのライドは諦めて途中から電車で帰ることも考えたら、だいぶ気が楽になった。大瀬崎から口野までは海岸沿いで多少向かい風ではあったがまずまずの走りができた。口野から熱函道路入口までは道に迷ったが、平坦なのでほとんど問題はなかった。熱函道路入口は2時半だったので熱海まで行けるだろうと考えて熱海峠を目指したが、途中から熱函道路11号線に変更した。この道路は初めて走ったが、厳しさは1号線と同じくらいの感じだった。そして熱海で打ち切りとした。

> **本日の教訓** 1．海岸沿いを走る時に集落の間隔が大きい場合には、その間に峠があると思って計画を立てる必要がある。

第7章　能登半島

　今回は平成15年5月に能登半島一周で550kmを6日間で走った。また、小松で長女の婿殿・俊二さんのご両親に会うのも目的の1つであった。

●**5月16日（金）曇**　第1日目は小松空港〜小松近郊の60km。

日本自動車博物館

　小松空港でタイヤの空気が半分ぐらい抜けていたのが分かり、前日充填したガスが貨物室の低温で凝縮したのかとちょっと心配。小松空港から本日宿泊する「ウェルサンピア小松」に行って荷物を預け、近郊の見物に出掛けた。加賀に向かって「小松〜加賀サイクリング道路」を期待していたのであるが、所在が分からず県道を走った。国道は車道の側道部分が広くて走りやすかった。午後は那谷寺と日本自動車博物館等を見学した後、小松に向かったが道に迷ってしまって無駄な時間を食ってしまった。夜は宿泊先のレストランで俊二さんのご両親と会食。今日の宿は「ウェルサンピア小松」。

本日の教訓 1. 分からない道は、標識のある国道・県道を走った方が良い。

●5月17日（土）晴　第2日目は小松〜羽咋の110km。

千里浜なぎさドライブウェイ

　朝食前に、義経と弁慶の安宅の関跡と芦城公園を見てきた。
　出発は9時前でちょっと遅かったが、午前中にハニベ岩窟院と九谷陶芸村を見学した。その後は道路がメチャクチャでおまけに向かい風でだいぶ苦しかった。途中宇ノ気駅前を通り竹内繁さん*を偲んだ。最後に千里浜なぎさドライブウェイを全線約8km走って大満足。砂浜は、自転車は大丈夫か心配したが、ほんの少し轍（わだち）が出来る程度で問題なかった。今日の宿は「民宿海晴館」。

＊日立製作所入社当時の職場の先輩で宇ノ気出身。

●5月18日（日）晴　第3日目は羽咋〜輪島の100km。

ヤセの断崖

　朝食前に、エスモアイル羽咋と気多大社に行ってきた。
　出発は8時半過ぎで、能登金剛遊覧船からの巌門、増穂浦の世界一長いベンチ（460m）、関野鼻のヤセの断崖等を見学した。今日の行程は大体予定通りで、これくらいの計画が良いということ。行程最後の門前から輪島の間に坂道は

あったが、予想の範囲で問題なし。間食の大福食いは大正解で、初日から利用しているが非常に調子が良い。今までの胃の病気は空腹の継続ということが証明されたような感じである。

今日は2、3回タイヤの衝撃があったがパンクはしなかった。空気を一杯入れておくとパンクが少ないのかもしれない。

夜は輪島の街で御陣乗太鼓の実演を見たが、なかなか良かった。今日の宿は「国民宿舎輪島荘」。

●**5月19日（月）晴**　第4日目は輪島〜宇出津の110km。

朝食前に、イナチュウ美術館の場所を確認しておいた。朝市は準備段階。前輪の空気圧が減っていたのでガスを充填したが、ガスがなくなってしまったので、自転車屋に寄ってガスを抜いてバルブを交換して空気を充填した。ガスは平常時に使用するのではなく緊急対策用なのかもしれない。

宿の出発は8時過ぎで輪島市内のイナチュウ美術館、輪島漆芸美術館、キリコ会館を見学。イナチュウ美術館は予想よりはるかに良くて今日一番の収穫だった。輪島市街を出て最初は白米の千枚田を見て曽々木海岸を通って禄剛崎に向かった。禄剛崎までの2ヶ所の坂道はちょっと苦しかったが、多少覚悟はしていたことだし山そのものが低いので問題なし。禄剛崎灯台を見た後、禄剛崎から珠洲までは海岸線を走ったが、素敵な所が多くあってなかなか良かった。珠洲から更に走って見附島（軍艦島）、恋路海岸を見て、その先は海岸線でなく県道を走って山越えをして宇出津に出たが、多分正解だったと思う。

今日の宿の民宿は外国人の経営で、その夜はたまたま食品雑誌の撮影があって食事の時間が少し遅れた。今日の宿は「民宿

ふらっと」。

●**5月20日（火）晴**　第5日目は宇出津〜和倉温泉の70km。
　朝食前の裏山の散歩は楽しかった。能都町立三波小学校のメダカの学校放流池を見に行ったがメダカは見当たらず、その代わり小鳥の卵を1つ見つけた。
　9時に宿を出発したが、出発の時に奥さんからおにぎりの弁当を貰って感激。穴水ではボラ待ちやぐらや能登さくら駅（能登鹿島駅）を見た。今日の走りは多少山坂はあったが概して快調。能登島に渡ってみたがアップダウンが激しくて、能登島先端の水族館等の見物は諦めて和倉に直行した。能登島内の走行は事情に応じて追加・削除を予定していたので、正しい選択と思っている。
　和倉温泉では宿に荷物を置いて市内見物に行ったが、加賀屋旅館と和倉駅を見た程度。それにしても石川県は美人が多い。今日の宿は「和倉パレス」。

●**5月21日（水）晴**　第6日目は和倉温泉〜金沢の120km。
　朝食前に和倉温泉シンボルゾーン湯元の広場を見てきた。加賀屋は本館工事中。
　8時半に出発して、日立神奈川工場時代の和田晴美さんの出身地七尾を通り氷見までは順調に来て、氷見市海浜植物園AROMA GARDENも見た。
　高岡までは予定通りで高岡大仏・瑞龍寺を見たが、市内では無駄な時間が多くてちょっと遅れ気味。
　砺波はチューリップ公園に立ち寄ったが、季節外れでチュー

リップは咲いていなくて面影を偲んだだけ。

　砺波から金沢に抜けるのに8号線ではなく地図上で最短距離の359号線を行ったら内川峠があって、日程の最終段階でもあり少々参った。それでも何とか明るいうちに宿に着くことができた。今日の宿は「BH（ビジネスホテル、以下同じ）みな美」。

高岡大仏

●**5月22日（木）晴**　金沢⇒小松空港⇒羽田空港⇒平塚で帰宅。

　今日は金沢市内の金沢城跡公園・県立美術館・県立歴史博物館を見て小松空港から帰宅した。

【今回の旅の総括】

1．今回のサイクリングは余裕を持った行程にしたのと、能登半島の山坂が比較的低かったのが良かった。
2．石川県の道路案内は一般的に不親切で、分からない時は国道・県道を走るのが良い。
3．サイクリング道路は期待していたのであるが、一部を除いてその存在さえ確認できなくて期待外れであった。
4．気持良く走れたのは、千里浜なぎさドライブウェイと多くの海岸線。
5．自転車については、タイヤの空気は十分入れておくこと。またガスは駄目。間食は十分に摂ること。

第8章　北 北海道

今回は2回目の北海道で、平成16年7月に道内北部の730kmを7日間で走った。

● **7月25日（日）晴**　第1日目は平塚⇒札幌移動。札幌市内見物で30km。

札幌大通公園のビアガーデン

札幌市内の宿に荷物を預けて、自転車で札幌市内見物に出発。北海道庁旧本庁舎・北海道大学付属植物園・時計台・大通公園・北海道大学・サッポロビール博物館等を見学した。サッポロビール博物館脇のレストランで昼食に大ジョッキでジンギスカンを食べたのと、夕方大通公園のビアガーデンでビールを飲んだのが忘れられない。今日の宿は「北農健保会館」。

● **7月26日（月）曇・雨・晴**　第2日目は札幌～増毛の110km。

朝、舗道が濡れていたので雨を心配したが、テレビの天気予報を見て予定より30分遅れの6時半に出発した。

10時頃から約2時間、本降りの雨に見舞われたが、天気予報で午後回復の予報だったので、初めて雨具の完全装備で走行した。これで雨中走行の自信がついた。雄冬岬に着いた時には天

気も回復したが、今日は雄冬岬の白銀の滝を見ただけ。朝6時半の出発は時間的に余裕があり、雨具の装備・解除にも充分対応できた（この頃から早朝出発を心掛けるようになった）。また、今日が距離的にも地域的にも最大の難関と思っていたので、後の行程は対処できそう。今日の宿は「ホテル増毛」。

●**7月27日（火）曇・晴**　第3日目は増毛〜遠別町の120km。

朝6時前の出発で4時前の到着。やはり朝早く出るのが良い。コンビニの朝食にも慣れた。今日は終日追い風で快適サイクリング。常時27、8km/Hで走るのは最高。道路は良いのでパンクの心配はない。こんな経験は初めて。途中で見たのは鰊御殿の旧花田家番屋だけ。苫前町から初山別までは上り下りの連続で参った。『るるぶ』に出ていたのはこのことかと納得。今日の宿は「ふじや旅館」。

●**7月28日（水）雨**　第4日目は遠別町〜稚内の100km。

朝6時の出発だったが、30分後から雨が降り出し午後の3時半頃まで降られた。時間的には余裕があったので、サロベツ原生花園で雨が弱まるのを待った。今日大雨注意報が出ていたのを知らなかった。サロベツ原生花園では雨の中、傘を差して花園を見て回ったが花はほとんどなくて寂しい限り。3時間余り雨宿りをしていたが、雨が止む様子もないので大雨の中を出発した。本来、ここの道道909号線（日本海オロロンライン）は景色の良い所であるが、雨で何も見えなくて残念。抜海近辺でようやく雨も上がり、ノシャップ岬を見て稚内の街に入った。今日の宿は「ホテル宗谷」。

本日の教訓
1. 雨の場合は万一を考えてできるだけ市街地を走ること。
2. リュックサックのビニールカバーが必要。
3. 朝食前に出発するのは何かと有利なので是非実行すること。
4. 雨具のジャンパーは吸汗性のものが必要。

●**7月29日（木）晴**　第5日目は稚内〜浜頓別の100km。

日本最北端の地碑

今日も6時の出発だったが、街でATMが使用できず稚内空港でATMと朝食の両方を狙ったが、予想通り早朝は閉鎖。地方空港は早い時間の飛行機がないため開場が遅いということ。お陰で朝食は昨日の残りのアンパンだけ。

　宗谷岬では十分時間を取って、日本最北端の地碑だけでなく宗谷岬公園も見てきた。ここで中学生のサイクリストに出会った。宗谷岬からは向かい風が半分くらいあってちょっと苦しかった。風は微妙に変化していて追い風になったり向かい風になったりの連続。猿払公園では園内を自転車で回ってみたが特に目ぼしいものはなかった。猿払公園から浜頓別までのサイクリング道路は「メンテナンス不良のため危険」とのコメントがあったので国道を走った。宿には4時の到着。今日の宿は「浜頓別CTウィング」。

●**7月30日（金）晴**　第6日目は浜頓別〜紋別の140km。

　朝6時に出発したが約2時間の間、濃い霧が立ち込めて、眼鏡に水滴が付くことと車の接近が分かりにくくて苦労した。北見神威岬公園の朝食で時間を稼ぎ、その後は霧が晴れて問題なくなった。ウスタイベ千畳岩やオムサロ原生花園を見て紋別へ。今日は終日向かい風で、実走行140kmが150、60kmの感じで12時間を要した。こういうこともあるので、早朝6時の出発は必要条件である。今日の宿は「紋別セントラルホテル」。この宿は平成14年の第1回北海道ライドで宿泊した宿。

●**7月31日（土）晴**　第7日目は紋別〜網走の130km。

　今日も朝6時の出発。紋別港で日本丸が停泊していてラッキーの感じで写真を撮ってきた。今日はほとんど風もなく、午前中はスムーズに進行した。午後は少し時間の余裕があると思って、ところ遺跡の館とワッカ原

小学生のサイクリング集団

生花園を見てきた。常呂から網走までオホーツクサイクリング道路を走ったが、前回平成14年に一度走っているので安心して走れた。途中の能取湖鉄道公園で20人余りの小学生のサイクリング集団に会って記念撮影をした。宿の到着は6時半。夜はオロチョンの火祭りを見に行って、帰りに網走ビール館でビールを飲んで食事をしてきた。今日の宿は「ホテルサンアバシリ」。

●8月1日（日）曇・晴　網走⇒釧路空港⇒羽田空港⇒平塚で帰宅。
　網走駅から定期観光バス（阿寒パノラマコース「くろゆり号」）で摩周湖・屈斜路湖・阿寒湖等を見物し、釧路空港から空路帰宅した。

　なお、今回走った留萌～稚内及び雄武・興部～紋別～網走は、2年後の平成18年に再度走ることになる。

【今回の旅の総括】
1．早朝の出発は、時間的・安全面・金銭面等全ての面で有効である。
2．雨対策としては、途中から降られた場合及び多少の雨の場合は予定通り走行する方が良い。
3．今後本格的にサイクリングをやるかどうか、やる場合には自転車を含めて装備の更新が必要。

第9章　万博いきいき自転車の旅2005

　今回は平成17年5月に、愛知万博を記念してオーストラリア人25名の中高年サイクリングチーム（平均年齢56歳）と日本人20名の中高年サイクリングチーム（abcRIDE* 平均年齢68歳）が合同で、万博会場のオーストラリア館から広島まで自転車で走るという壮大なイベントで、1,020kmを17日間で走った。私もabcRIDEの一員として参加した。

＊abcRIDEとは、オーストラリアのサイクリスト、スタン・ジャクソン氏（1913～2010）の呼びかけで、2000年にメルボルン～シドニィ間1,200kmを走った日本の中高年サイクリングチーム。
　a：active　b：balance　c：contribution

●**5月5日（木）晴**　平塚⇒名古屋移動。中部国際空港にオーストラリアチームの出迎え。

　本日、キース・エドワードさんを団長とし、冒険家スタン・ジャクソンさんを含むオーストラリアチーム25名が中部国際空港にカンタス航空7975便で18時15分に到

中部国際空港

着。大多数の日本チームメンバー及びその関係者がこれを出迎え、空港ロビーでお互いに旧交を温めて記念撮影した後、バスで豊田の「BHこさなぎ」に向かった。

　ホテルでは部屋割りで一悶着あったが、多少英語ができる私が間に入って何とか調整した。今日の宿は「BHこさなぎ」。

●5月6日（金）雨　豊田市内見物。
　朝から雨の中で自転車を組み立てた後、バスと車で豊田市内見物に出掛けた。まず鞍ヶ池公園に行って昼食。つつじがきれいだった。午後はトヨタ自動車堤工場とトヨタ記念館を見学したが、とても良かった。更に豊田市役所の表敬訪問にも付いて行った。夜は日本チーム団長の呉山さんの組合事務所の集会所で歓迎のバーベキュー大会。日豪楽しく語らい飲んで食べて楽しんだ。今日の宿も「BHこさなぎ」。

●5月7日（土）雨・晴　万博見物。
　全員が集会所から自転車で会場に向かったが、高齢のジャクソンさんはやはり無理のようで途中から車に拾ってもらった。会場の脇の空地に自転車を停めて入場した。パビリオンはマンモス館とオーストラリア館に入っただけで、あとはほとんど歩いて見物して回った。帰路出発時、集まっている10人ほどを私の先導で出発したが、途中で道に迷ってしまって、呉山さんから「外国の大事なお客さんに何かあったらどうするんだ」と大目玉を食らってしまったが、何とか戻ることができた。今日の宿も「BHこさなぎ」。

●**5月8日(日)晴** 第1日目は万博会場オーストラリア館〜四日市の60km。

出発式

　いよいよ「万博いきいき自転車の旅2005」の出発。万博会場オーストラリア館の前で行った出発セレモニーで、オーストラリア政府代表アンドリュー・トッド氏、スタン・ジャクソンさん、キース・エドワードさん、山本英毅さんがそれぞれ挨拶をして会場が盛り上がった。見物客も沢山来ていて、報道関係者も沢山いるようだった。会場を出発して名古屋の市街地に入ると、四十数名の大部隊なので交差点でそのつど引っ掛かる感じで遅々として進まなくて走行効率50％ぐらいの感じ。郊外に出てからは時速22、3kmぐらいの感じで大部隊の走行としては良い線を行っていた。こうして初日は終わったがまずまずの出だしだった。今日の宿は「霞ヶ浦会館」。

●**5月9日(月)晴** 第2日目は四日市〜大津の110km。

　朝8時、どうにかスタート。四日市を出発して途中小学生の歓迎を受けながら石山渓までは何とか隊列を乱さずに走った。石山渓で亀山市の歓迎セレモニーの後、今回ツアーの最大の難関と思われる安楽峠頂上までの5km区間を各自マイペースで上って行った。峠の下りは本来ならばスラロームを楽しみたい

ところであるが、団体行動ではそうも行かずちょっと抑えた。道の駅「あいの土山」から大津までは緩い下りの追い風で最高だった。大津公園管理棟での大津市歓迎セレモニーの後ライトを点けて坂道を上ったが、最後に来ての上りはつらかった。今日の走りは大体満足。今日の宿は「YH（ユースホステル、以下同じ）西教寺」。

●**5月10日（火）晴**　第3日目は大津〜京都〜丹波の40km。

　朝8時半の出発だが、朝の一斉スタートがどうもピリッとしない。京都に入る手前で迷子グループが出て1時間のロス。京都市内では移動がままならず、いらいらの連続。京都市内では渡辺喜久さん＊の案内で京都市勧業館・平安神宮等を見たが、圧巻は京都の老舗「おたべ」で京都の銘菓を味わわせてもらったこと。昼食後JRで京都駅から園部駅まで行き、そこで自転車を組み立てて丹波自然運動公園まで走った。夜は公園宿舎のホールで留学生も含めて歓迎会が行われた。今日の宿は「丹波公園宿舎」。

＊ abcRIDEのメンバー。

●**5月11日（水）晴**　第4日目は丹波〜京都の70km。

　朝、公園内を散歩したがなかなか素晴らしい所。9時過ぎの出発で、少しの上りと長い下りで園部までは快適な走行。園部から京都までは私を含む希望者20名が走った。各人足に自信のある人達で道路もほとんど平坦で十分満足してもらえたと思う。

日本一周編

　京都駅周辺でテリーさん、トリシアさんと一緒の昼食時に修学旅行の女子高生に会い、活きた英会話をしてもらった。午後、京都府庁と京都市役所を表敬訪問し、京都市役所で歓迎レセプションが行われた。その後今日の宿泊地宇多野に向かった。今日の宿は「宇多野YH」。

●5月12日（木）雨　第5日目は京都～奈良の60km。
　朝早起きして近所の広沢の池・大沢の池を見てきた。
　8時半の出発だったが、出発時には薄日さえ出ていたので雨具を持たずに出発した。まず嵐山に行ってその近辺を見学して、いざ嵐山を出発となったら雨が本降りとなり、ビニールのゴミ袋に穴を開けて頭からかぶって走った。走った道は保津川土手のサイクリング道路で走りやすく時速28kmぐらいで飛ばした。晴れていれば最高の部分と思われる。1時間半ほど走って私鉄駅前のバスターミナルの広場で伴走車から荷物を取り出して濡れた衣服を全部脱いで着替え、更に雨具で完全武装したのでそれ以降は濡れる心配もなく走ることができた。奈良市に入って奈良市庁を表敬訪問したが、その後宿舎の青少年会館に向かう途中で今度は雷雨に見舞われ再度ずぶ濡れになってしまった。今日は散々な1日だった。今日の宿は「奈良青少年会館」。

●5月13日（金）晴　第6日目は奈良～明日香村の60km。
　午前中は皆さんが市内観光に行っている間に、私は朱雀門のある平城宮跡に行ってきた。平城宮跡資料館と広い敷地内を見て回ったが結構楽しかった。
　午後は法隆寺・橿原神宮を見て明日香村に向かった。通過道

石舞台古墳

路はサイクリングコースと普通道路が半々程度だが走りやすかった。明日香村では今日の宿泊場所の天理教宿泊所に荷物を置いて明日香村の見物に出掛けて石舞台古墳と飛鳥寺を見学し、国営飛鳥歴史公園甘樫丘展望台から明日香村を眺め、古代の感激を味わった。今日の宿は「天理教岡大教会」。この宿舎は素晴らしい施設で、夜は八雲琴の演奏を聴いた。

●**5月14日（土）晴** 第7日目は明日香村〜大阪府堺市の久保さん宅の40km。

早朝散歩で酒船石等の旧跡を見て歩いたが、なかなか面白かったし日本発祥の地という感じがする。

9時過ぎに天理教岡大教会を出発して明日香村内の史跡を見て回った。伝飛鳥板蓋宮跡・飛鳥京苑地遺構・川原寺跡・聖徳皇太子御誕生所碑・橘寺等々。大和高田市では市役所を表敬訪問し、大和高田福祉会館では詩人・日高てるさんの詩の朗読があった。福祉会館での歓迎パーティーでの昼食後、本日の難関、竹内峠へ。安楽峠に比べれば楽なものでほとんど隊列を崩さずに上った。下りでは追い越し禁止のリーダーの忠告を無視して走る外国人もいて、統制、特に外国人に対する統制の難しさを感ずる。

夕方堺の久保さん宅に到着し、皆さんそれぞれ近所の銭湯に行ったり近所の食堂で食事をしたりして過ごした。夜は久保さ

ん宅で部屋の襖をぶち抜いて大懇親会をやった。久保さん宅で困ったのはトイレの問題。トイレが旧宅に1ヶ所と新宅に1ヶ所の2ヶ所しかないところへ四十数人が押しかけたのだから全く足りない。仕方なしに朝になってから近所の公園やコンビニのトイレを使って凌いだ。今日の宿は「久保さん宅」。

● 5月15日（日）晴　第8日目はフリーデイで堺市内遊覧の20km。

朝10時のゆっくりスタートでツアー・オブ・ジャパン堺ステージのスタート地点に向かった。下水処理場脇道路のスタート地点で選手団の一斉スタートを観戦したが、一昨年のオーストラリア・レイクマッコウリィでのツールドシドニィを思い出した。その後オーストラリアチームのピットで選手を激励したりシマノチームのピットを見たりして再び観覧席に戻り、周回選手の奮闘を見たりした。

ツアー・オブ・ジャパン堺ステージ

午後は仁徳天皇御陵を見た後、御陵の前の茶室「伸庵」でお茶を一服頂き、シマノのサイクルセンターに行って自転車の歴史等を見学した。今日は余裕の1日だった。夜は再度久保さん宅で大懇親会を開催。今日の宿も「久保さん宅」。

● 5月16日（月）晴　第9日目は堺〜神戸の70km。

朝8時半に久保さん宅を出発してまずは大阪府庁へ。大阪府

庁では大阪城をバックに写真を撮っただけ。

　次に吹田市役所を表敬訪問し、午後はまず大阪万博跡地へ。ここでも太陽の塔をバックに写真を撮っただけ。大阪万博跡地を出発して大阪市郊外の171号線を通って神戸に向かった。神戸に近づくにしたがって道路状況も良くなり快適に走れた。

　今夜の宿泊地に到着後、夕食は近所の居酒屋で楽しく食べて夜は宿の食堂で懇親会。今日の宿は「甲南大学平成記念セミナーハウス」。

●**5月17日（火）晴**　第10日目はフリーデイで神戸市内遊覧の10km。

　出発しようとしたら私の自転車が他の自転車と長いワイヤー錠でロックされていて動けないため、徒歩で市内見物に出掛けた加藤さんの自転車を借用した。神戸市役所と兵庫県庁を表敬訪問した後神戸港に行き、神戸ポートタワー・港内遊覧船を楽しんだ。神戸市街地は危険が多くおまけに坂が多いので難儀したが、全員無事宿舎に戻った。

　夜はセミナーハウスの食堂で日豪親善パーティーが開かれ、ソプラノ独唱やパフォーマンスがあって楽しかった。今日の宿も「甲南大学平成記念セミナーハウス」。

●**5月18日（水）曇・雨**　第11日目は神戸〜姫路の80km。

　甲南大学セミナーハウスを出発して間もなく雨が降り出して雨具を装着した。午前中の降りは大した降りでもなかったが、明石での昼食がコンビニ弁当を雨の公園での立ち食いは少々侘(わび)しかった。

明石から加古川まではサイクリング道路を走ったが、雨の中強風も吹いて非常に危険な所もあった。姫路では国際交流センターで歓迎レセプションがあり、その後宿舎まで走ったが、途中で最後尾のグループが追い付いてこず、薄暗くなってきた道端で彼らを待って時間を費やした。宿舎には暗くなる前にかろうじて到着した。今日の宿は「星の子館」。

●**5月19日（木）晴**　第12日目はフリーデイで姫路市内遊覧の20km。

　8時過ぎに星の子館を出発して姫路市内へ。姫路城前に自転車を置いて、まずは姫路城見物。その後、亀山御坊本徳寺では「西南の役の碑」を見て、次に怪談・播州皿屋敷お菊物語のお菊さんを祭ったお菊神社（十二所神社）を見た。

姫路城

　午後は早い時間に書写山ケーブルの山麓駅前で自転車をトラックに収納し、人間はケーブルで山上駅まで。
　書写山ではまず宿舎の妙光院へ行って荷物を置き見物に出た。円教寺の魔尼殿・ラストサムライの撮影が行われた「三つの堂」等を見物した。今日の宿は「妙光院」。

●**5月20日（金）晴**　第13日目は姫路〜倉敷の100km。
　宿舎の妙光院を出発してケーブルに乗らずに書写山を歩いて降りて山麓駅前の駐車場へ。昨日トラックに収納した自転車を降ろして準備を整え、9時前に出発した。

今日は2号線を走ることが多く大型トラックに脅かされる部分もあったが、全員無事に走破した。途中鯰峠は安楽峠に比べれば楽であったが、だらだらと上りが続いて隊列が多少乱れたが全員が上り切った。

　午後岡山市に入り、先に岡山城を見てから岡山県庁を表敬訪問し歓迎レセプションが行われた。歓迎レセプションでは、ジャクソンさんとキースさんが挨拶した。レセプション終了後、我々の出発を皆さんが見送ってくれた。

　倉敷には明るいうちに着いたが、OZをホームステイに配分した後、我々は倉軟YHに向かった。ここのYHも急坂の上にあって最後に来ての坂上りはきつかったが、ペアレントの吉岡さんが温かく迎えてくれた。それにしても何で山の上のYHが多いのか。今日の宿は「倉敷YH」。

●**5月21日（土）晴**　第14日目は倉敷〜尾道の70km。

　朝食前に以前歩いた美観地区を散歩してきた。朝、市役所駐車場からの出発がなかなか揃わない。1時間ほど経ってようやく10時過ぎの出発。

　今日も2号線を走ったが割と走りやすかった。途中呉山さんが車道から舗道に入る時にブロックに乗り上げて転倒して軽い怪我をした。尾道市役所には早い時刻に到着して、OZをホームステイに配分した後、我々は自転車を市役所の駐輪場に入れさせてもらい、尾道ラーメンを食べてトラックの荷台に乗って山の上にある今日の宿泊所の「友愛山荘」に向かった。夜は皆で飲み交わして楽しかった。今日の宿は「友愛山荘」。

日本一周編

● **5月22日（日）雨** 第15日目は尾道〜今治の70km。

　朝早く起きて宿舎の近辺を歩き、千光寺・文学のこみち等を見てきた。朝9時に尾道市役所で出発セレモニーをやってからの出発だったが、その頃から降り始めた雨の中を完全装備で出発した。

　しまなみ海道は本来ならば旅のハイライトになる部分であったが、生憎の雨でただ走るだけとなってしまった。第1チェックポイントの道の駅「多々羅しまなみ公園」までは地元のサイクリストが先導してくれて、ほとんど時速28kmぐらいで走り自転車の快感を味わうという意味ではほぼ満足できた。第1チェックポイントからは自由行動ということで、2、3人の日本人と2〜3人のOZのグループを先導したが、一度自動車道に入ってしまって失敗したが、その後は慎重に標識をよく見ながら先導役を果たした。第2チェックポイントは道の駅「よしうみいきいき館」で来島海峡大橋のたもと。そこを出発して来島海峡大橋を渡り今日の宿泊所「サンライズ糸山」に到着。少し休んでからロビーで愛媛県知事との記者会見があった。今日の宿は「今治CTサンライズ糸山」。

● **5月23日（月）晴** 第16日目は今治〜広島の80km。

　毎度のことながらスタートがなかなか揃わない。8時半過ぎにようやく出発して196号線を松山堀江港まで走ったが、車も少なくて走りやすかった。途中電車の踏切内で車歩道区切りのブロックに乗り上げて転倒。これがサイクリングを始めて初めての転倒。

　堀江港では自転車を全部トラックに積み込んでフェリィ・カ

完走記念撮影

メリア2号に乗船し、1時間50分で対岸の呉市阿賀港に上陸。阿賀港で自転車を降ろしてみたら前輪がパンクしていた。午前中のブロック乗り上げが原因と思われる。パンク修理を試みたが取りやめて、伴走車で移動するというアランさんの自転車を借りて目的地まで走った。アランさんの自転車はロードバイクでしかもサドルの調整ができず乗りにくかった。宿舎直前の坂は急峻で参った。少し暗くなったが全コース完走。全員揃ったところで完走記念撮影。今日の宿は「広島YH」。

● **5月24日（火）晴** 第17日目はフリーデイで広島市内遊覧の70km。

朝一番に近所の自転車屋に行って前輪のチューブを購入し、自分で交換した。しかしグループの出発には間に合わず広島市役所表敬訪問は欠席。皆さんが出掛けた後単独で広島城を見て、平和公園で皆さんに追いついた。

原爆ドームを先に見て平和公園を散策し皆で写真を撮ったが、その後原爆資料館を見ているうちにまた皆とはぐれてしまった。そのため宮島には一人旅だったがマイペース走行を楽しむことができた。広島・宮島口間の道路はそのほとんどが道路の左側が自転車と125cc以下のバイク専用道路で走りやすかった。最後の夕食はYHの食堂で賑やかに行ったが、最後に完走者全員

にトッドさん署名の認定書がキースさんから各人に授与された。本日を以て「万博いきいき自転車の旅2005」17日間の全行程が終了。全走行距離1,020km。今日の宿も「広島YH」。

●**5月25日（水）晴**　広島⇒名古屋をバスで移動。

　朝8時の出発で、午後4時過ぎに大府に到着。大府の東名パーキングエリアで解散セレモニーが行われ、私もOZ及びabcRIDEの皆さんに対する感謝の気持ちを込めて拙い英語で挨拶した。

　今回のイベントは実質的に本日を以て終了したわけであるが、細かいことはさて置いて大成功と思う。全員大した事故もなく外国人を交えた40人からの大集団が2週間以上にわたって移動できたことは大成功である。チームリーダーの山本さん・呉山さん・永松さんをはじめ伴走車の運転手の杉浦さん・水野さん及びそれ以外の全員に感謝申し上げます。今日の宿は大府の石川晴さん*宅。

＊abcRIDEのメンバー

◎5月26日（木）～30日（月）の5日間、OZは名古屋に滞在し、30日の飛行機で帰国した。

　5月26日～27日の2日間、私は名古屋から平塚まで310kmを走った。

●**5月26日（木）晴**　帰宅ライド1日目は名古屋～静岡の180km。

　今回の走行はただ自宅に向かって走るだけでどこにも寄ら

い。道路事情は旧街道のような所は良いが、1号線は大型車が多く危険を感じた。1号線の標識に従って走っていると市街地はバイパスの自動車専用道路のようなのが多くて、そこに迷い込むこともしばしばあって危険を感じた。途中掛川峠と宇津ノ谷峠があって結構時間を食ってしまった。しかし翌日のことを考えて今日は少し多目に走った。静岡ではこの日何かの学会があったため宿がなかなか見つからず苦労したが、何とか小さなホテルに泊まることができた。今日の宿は「ホテルよしみ」。

● **5月27日（金）晴**　帰宅ライド2日目は静岡〜平塚の130km。

　静岡を出発して由比近辺は海岸沿いの自転車・歩行者用道路が4、5kmあってなかなか良かった。しかし前輪に異常を来たし注意しながら沼津まで来て、たまたま前輪がパンクしたので自転車屋に異常状況を話したら、ベアリング押さえを調節してくれて安心した。

　箱根の山は15kmの上りに1時間45分を要した。箱根を上ったのは初めて。あとは一気に平塚まで。

　約3週間、よく走った。大満足。

第10章　東　九州

　今回は平成18年3月に九州東海岸桜前線の旅で800kmを9日間で走った。桜前線といっても厳密には開花前線を追いかけるのではなくて、5、6分咲きの桜を追いかけることになる。

●3月27日（月）晴　第1日目は鹿児島空港〜桜島の60km。

　鹿児島空港到着後、自転車の組み立てと袋類収納に約1時間掛かってしまったが、準備時間として1時間は見ておいた方が良いかもしれない。

　空港を出発して、地ビール工場・国分郷土資料館・上野原遺跡の全てが分からなくて全部パス。昼食もだいぶ遅れてしまって胃の方が心配だった。桜島口に来て島の北回りを予定していたが進入口が分からず、結局南側道路を走った。しかし時間的に余裕があったので有村溶岩展望所等を見て回った。今日の宿は桜島港のそばであるが、この近辺の桜は結構咲いていた。今日は観光案内板の不備が多く感じられた。今日の宿は「国民宿舎レインボー桜島」。

さくらじま

●**3月28日(火) 晴・雨・強風** 第2日目は桜島〜内之浦の120km。

神川大滝

　朝6時半の出発は正解だった。宿を出てすぐに後輪ギアチェンジ用のワイヤーが切れて切り換えが利かなくなり、フロントギアの切り換えで急場を凌いだ。途中では古里公園の林芙美子文学碑を見ただけ。今日の山越えを考えるとワイヤーは午前中に修理しておく必要があった。幸い垂水市内のバイク屋で直してもらって本当に嬉しかった。この間1時間。ワイヤー修理もできてギア切り換えがスムーズに行くのが気分良かった。

　次に立ち寄ったのは神川大滝公園で神川大滝と吊橋を見たが、桜も少し咲いていた。午後は大隅半島を448号線で横断したが、途中から雨が降り出したので道路脇の農家の納屋で雨宿りをして何とか凌いだが、東海岸側に出たら強風で走ることができないこともしばしばあった。宇宙科学研究所の前では強風のため転倒してしまった。そこからは下り坂だったのだが自転車を押して歩き、大きな街路樹の陰にいて風の弱まるのを待って自転車に乗って宿に向かった。強風のお陰で1時間以上の無駄が生じた。今日の宿は「国民宿舎コスモピア内之浦」。

> **本日の教訓** 1．ワイヤーは定期的に交換する必要があるということ。これまでワイヤーは切れたら交換していたが、これ以降定期的に交換するようにした。

●3月29日（水）晴・風　第3日目は内之浦～都井岬の80km。

　朝6時過ぎに出発していきなり坂道で参ったがそれにも増して寒くて参った。手がかじかんで前ギアの切り換えがうまくできない。この時期こんなに寒いとは思ってもいなかった。仕方がないので雨具を着てしばらく走った。大崎町に出てからは平坦な道路でマイペースのサイクリングを楽しんだ。最初に立ち寄った所はダグリ岬で、山頭火碑・神武天皇記念碑を見た。早目の昼食の後、都井岬に向かったが、まず岬馬繁殖地ゲートを通過して放牧場の中を岬の先端に向かって走り、2時過ぎに宿に着いた。宿に自転車を置いて都井岬の観光施設を歩いて回り、ソテツ自生地・御崎神社・うまの館・昭和天皇歌碑を見たが、それぞれが離れていて参った。今日の宿は「国民宿舎都井岬」。

> **本日の教訓** 1．走行中の「ピンピン」という異常音はバッグのベルトが外れてスポークに当たっていたためと分かった。過去の例からして「ピンピン」という音は全てスポークに何かが当たる音である。

●3月30日（木）晴・強風　第4日目は都井岬～宮崎の100km。

　今朝も6時半に出発。午前中に距離を稼いで午後はゆったりという予定であったが、強風のためようやく目的地到着といった状態であった。

　まず石波の海岸樹林から日南海中公園とビロウ樹の下を、南

日南海岸

国ムードを楽しみながら走った。JR南郷駅前で国道220号線に戻り、更に北上を続けた。次に鵜戸神宮であるが、ここは以前来たことがあるので国道の鵜戸神宮入口を通過した。そして本日のハイライト日南海岸で昼食と写真撮影を楽しんだ。充分に休息を取った後、堀切峠を通って青島リゾートに向かった。国道脇の小高い駐車場から青島全体の写真を撮った。後は宮崎駅前の厚生年金会館へ。3日続きの強風で、特に午後は身の危険を感じるほどだった。今日の宿は「宮崎厚生年金会館」。

本日の教訓 1. アクシデントはパンク等の自転車のトラブル以外にも、自然現象（強風）というそれと同等あるいはそれ以上のものがあることを今日は実感した。

●3月31日（金）晴　第5日目は宮崎〜延岡の100km。

　今朝は少し遅れて7時前の出発。今日は風がなくて良かった。今日も午前中に距離を稼いだが、正午頃に美々津町でまず日向市歴史民俗資料館を見て、次に立磐神社で神武天皇御腰掛盤と日本海軍発祥之地の碑と海軍両爪錨を見、最後に美々津町並保存地区を見た。

　午後のスタート直後に前輪がパンクして修理に1時間半も掛かってしまった。お陰でその後は全部パスで宿には6時半頃到着した。今日もパンクのアクシデントがあったが、早朝出発で

全体的には収まった。今日の宿は「シティホテルプラザ延岡」。

本日の教訓 1．今後パンク対策として予備チューブを携行することにする。後輪もチューブ交換で対処するためには工具の見直しが必要。

●4月1日（土）晴　第6日目は延岡〜臼杵の110km。

　今朝は5時起きでゆうべの洗濯物を畳んでバッグに詰めた。これで後半の着替えの心配はなくなった。6時20分の出発で延岡城址を見た後、佐伯までは海岸線を通らずに内陸の国道10号線を走った。今日も午前中に距離を稼ぎ昼には佐伯に来たが、佐伯城の下でお祭りをやっていて楽しい雰囲気の中で桜を見てきた。最後に来て山越えが2つあって苦労したが、5時には宿に着いた。今日は延岡城・佐伯城・臼杵城と3ヶ所で花見ができて大満足。途中の名もなき場所の桜も写真に撮ってきた。明日の雨が心配。今日の宿は「ニューホテル玉屋」。

●4月2日（日）小雨・晴・強風　第7日目は臼杵〜宇佐の110km。

　朝方雨模様だったので出発を少し遅らせて7時半に出発した。お陰で朝食はしっかり食べてきた。午前中は雨を気にしながらも、坂道は短くて比較的楽な走りだった。大分の府内城址公園で桜を見て別府で昼食。

　午後は日出町（ひじ）で日出城址を見て、ここからは国東半島を回らずに国道10号線を走った。日出町と宇佐の間は山越えで峠があったが、低い峠でまずまずの出来。しかし山越えの中間辺り

から向かい風が強くなり、ほとんど普段の半分ぐらいしかスピードが出ず参った。これで強風に悩まされるのは3〜4日目。

　宇佐神宮は赤い大鳥居をくぐり、人通りの少ない境内を見たが、赤い本殿もあって厳かな気分になった。今日は桜を沢山見たが、普通の桜が良い。宿には6時40分の到着。今日の宿は「宇佐簡易保険総合レクセンター」。

　本日の教訓　1．この時期は春の前線の影響で風の強いことが多く気温も低いので、できたら避けた方が良い。

●4月3日（月）晴・強風　第8日目は宇佐〜下関の100km。

福澤諭吉旧居

　今日も6時20分の出発。本日の時間有効活用は、福澤記念館で1時間半ぐらい滞在したこと。1時間近くのVTRを見て福沢諭吉のことが少し分かったような気がする。

　門司に近づいてからは予想外の行動になってしまった。自転車小父さんに案内してもらって一緒に走ったが、和布刈公園にも行かずレトロ地区にも行かず、関門国道トンネル人道を通って早々に下関に来た。

　本日で九州半周の族は終わり、明日はおまけの走行となる。今日の宿は「下関ステーションホテル」。

> 九州半周の教訓

1．3〜4月は時期的に早すぎる。寒さと強風でこの時期は避けた方が良い。
2．自転車の整備は常にキチンとやっておくこと。

● 4月4日（火）曇・雨　第9日目は下関〜宇部空港⇒羽田空港⇒平塚の50km。

　朝8時の出発。下関では旧英国領事館・みもすそ川公園・春帆楼（日清講和記念館）・赤間神宮等を見、長府では忌宮神社・乃木神社・功山寺等の歴史的建造物を見て回った。しかし昼頃から雨の予報が的中し、最後の20kmは本降りの雨となってしまった。最後に来て靴の中にまで水が溜まり、おまけに道が分からずうろうろしたりして宇部空港に着いた時はホッとした。

　早速解体・梱包を空港脇の小屋の軒先を借りて行ったが、その作業は大変だった。しかし今回の旅行では本格的な雨は今日だけであり、天候には恵まれた旅ではあった。とにかく事故もなく、まずは大成功であった。

【今回の旅の総括】
1．事前点検・修理をキチンとやること。
2．パンク対策として予備チューブを携行すること。
3．走行中の「ピンピン」という音は、何かがスポークに当たる音である。
4．春は前線の影響で風の強い日が多い。そして朝は寒い。したがってこの時期は避けた方が良い。

第11章　日豪・中高年自転車の旅 2006 in 北海道

　今回は前年の平成17年5月に愛知万博ライドで名古屋から広島まで走ったオーストラリアの中高年サイクリングチームとabcRIDEの日本中高年サイクリングチームが、「日豪・中高年自転車の旅 2006 in 北海道」と銘打って、平成18年（2006年）7月に実施した北海道の大自然を心ゆくまで楽しもうという旅で、1,410kmを19日間で走った。

●**7月5日（水）雨・晴**　平塚⇒旭川移動。日豪ライダーが旭川に集合。
　この日、早目に旭川入りして旭山動物園を見学し、夕方集合場所の「ホテルカンダ」に行った。既に着いていたトラックの荷台には、白地に赤文字で「日豪シニア自転車の旅2006 in 北海道」と書いてあり、昨年の「万博いきいき自転車の旅2005」を思い出した。17時20分旭川着の列車で到着したOZとabcRIDEの皆さんが午後6時前にホテルに到着した。1年振りの再会を喜び合い、夜の旭川の町で夕食を楽しんだ。今日の宿は「ホテルカンダ」。

●**7月6日（木）曇・雨**　第1日目は旭川〜望湖台キャンプ場の80km。
　8時出発の予定が地元新聞社の取材があったりして多少遅れたが、ほぼ予定通り出発。

旭川の市街地を出ると広々と田圃が続き、右に大雪山を見ながら国道40号線を北上する。道路状況は平坦な片道1車線で車道の外側の側道もなく走りにくかったが、車が少ない分危険な状態ではなかった。塩狩パーク近辺で多少アップダウンがあったがほとんど問題なし。休憩場所はトラックが目印。士別で昼食となったが、食事中に雨が降り出してちょっとがっくり。

　午後は雨具の完全装備で出発。しかし雨の中でも追い風の状況で順調に走行。午後2時に目的地の望湖台キャンプ場に到着した。

　夜の会食で、平野房代さんがラリーさんとキースさんと会う*だけのために名古屋から来てくれた。今日の宿は「風連町望湖台キャンプ場」のコテージ。

＊abcRIDEのメンバー。

●**7月7日（金）曇・晴**　第2日目は望湖台キャンプ場〜雄武町の80km。

ゆうべの雨で天気が心配されたが出発時には雨も上がって曇空、何とか雨が降らないようにと祈る気持ち。キャンプ場からは名寄町に戻らずに東に進む。5、6km走った所で左折し本日最初の山越えに入る。この道は冬期間通行止めの道

オホーツクサイクリング前夜祭。橋本聖子氏（前列左から3番目）と共に

だが今の時期は通行可能。お陰で距離的にも時間的にも大幅に短縮できた。

　国道239号線を東方向に走り、下川で左折して道道355号線に入る。この頃から天候も回復して青空も出てきた。ここからは車の往来もほとんどなく、平坦な道を24、5km走った所から徐々に上りとなり緩く長い上りが続いて幌内越峠に到着。上りはマイペースなので峠で全員が揃うのに10～15分掛かった。幌内越峠を下りた上幌内・山の里パーキングで昼食。昼食後は道道255号線に入って本日最難関の上幌内越峠4kmの上り。峠で小休止の後峠を一気に下り、続いて平坦な道を雄武町の海岸までマイペースで走った。全員集合の後3km離れた雄武町に入り、明日のオホーツクサイクリングの参加手続きを行い、各々今夜の宿舎に向かった。

　夜にはオホーツクサイクリングの前夜祭が行われ、開会式で北海道サイクリング協会会長橋本聖子氏の挨拶があった。今日の宿は「雄武中学校体育館」。

●**7月8日（土）曇・晴**　第3日目はオホーツクサイクリング1日目で、雄武町～常呂町の140km。

オホーツクサイクリングのスタート

　7時30分の出発であるが、我々のグループの第1梯団6グループは7時40分の出発。一列縦隊で走るので全員が出発するのに30分以上掛かるのではないかと思われる。出発して間もなく

ゆうべ来た日の出岬温泉の前を通過した。今日のコースは国道238号線を走ったのであるがアップダウンが結構あって苦労したが、湧別町付近では国道を避けて車の少ない道を走ったりして役員さんの配慮を感じた。また休憩所の待遇が良くて安心して走ることができた。最後の休憩所の佐呂間町キムネアップ岬では走行距離が予定に近い123kmになったのでこれで終わりかと思ったら、もう一走り必要ということでちょっとがっくり。最後はサロマ湖畔を少し走り常呂町に向かったが、ゴール近くの沿道に杉浦さん*が迎えに出てくれて元気づけられた。夜にはサイクルフェスinトコロ（交歓会）が行われ、岡崎朋美さんの挨拶もあった。今日の宿は「常呂町スポーツセンター」。

＊伴走トラックの運転手

●**7月9日（日）晴**　第4日目はオホーツクサイクリング2日目で、常呂町〜斜里町〜知床の120km。

　出発は7時30分であるが、今日は出発の順序が昨日とは逆の順番なので我々のチームは7時50分の出発となった。

　常呂町から網走までは能取湖のほとりのサイクリングロードを走った。自分としてはここを走るのは3回目であるがなかなか走りやすい。網走市庁前ではチアガールも出て歓迎してくれた。網走からは国道244号線を走ったが、ここの海岸線は強い向かい風で苦労した。途中の小清水原生花園等を見る余裕は全然ない。ゴールの斜里町の手前5kmの所でチーム全員が揃うのを待って、全員一列となってゴールインした。

　昼食と閉会式の後、我々は知床に向かった。ここからは国道

334号線となり、道路も広く歩道もしっかりしていて走りやすかった。オシンコシンの滝で小休止の後最後の走りとなったが、ウトロからは知床横断道路の始まりで本日最後の厳しい上りが待っていた。横断道路の途中から左折したら今度は急勾配の下りで、ようやく今日の宿である「知床岩尾別YH」に到着した。

●7月10日（月）晴　第5日目は知床フリーデイで20km。

知床五湖からの羅臼岳

今朝ここから渡辺栄一＊さんが帰宅した。

　メンバーの皆さんは羅臼岳に上る人・クルージングに行く人が早々と出掛けてしまったが、自分はこの近辺を走ることにした。

　YHからまず知床五湖に向かったが、いきなり5kmの上り。途中少し平坦な所もあって羅臼岳の写真を撮ったりしながら上って行き、その終点が知床五湖の駐車場。この奥はこの時期通行止め。知床五湖は現在一・五湖しか見ることができず、それに遊歩道も荒れていてちょっと減滅の感じ。しかし湖そのものは美しく、双眼鏡を持って行ったが特に見るものはなかった。フレペの滝もきれいだったが、遊歩道は荒れていた。戻りは知床五湖から一気に下ってYHの前を通過して今度は長い上り。昨日は快調に下ってきた所を今日は上り。最初相当に厳しいと思っていたが、そのつもりでゆっくり上って行ったら割合と楽

に上ることができた。知床自然センターをゆっくり見学してから、帰りは昨日と同じ豪快な下り。しかし今日はゆっくりと下って、途中で道路に現れた鹿やYHの写真を撮ったりしながら下りてきた。今日のようなフリーデイは良い企画だと思うし、OZにも好評のようだ。羅臼に上ったベロニカさんが足にけがをしてちょっと心配。今日の宿も「知床岩尾別YH」。

＊abcRIDEのメンバー。

● **7月11日（火）晴** 第6日目は知床〜屈斜路湖の110km。

朝7時45分にYHを出て、まず坂を上って知床自然センターで小休止の後出発。今日は一昨日のコースの逆を行ってJR斜里駅まで。斜里駅で渡辺喜久さんが合流した。

斜里駅からJR釧網線に沿って道道1034号線を南に向かって走った。この道は片側1車線で側道も狭いが車が少ないので危険は感じなかった。しかし強い向かい風で参った。途中から国道391号線に入り緩く長い上りがあって野上峠へ。国道391号線は片側1車線だが、幅広の側道があって安心して走ることができた。野上峠の上から屈斜路湖方面を見ると雨雲が漂っている感じで一瞬雨を心配したが、走り始めると徐々に雲も切れてきて一安心。川湯温泉街に来たら足湯があって、OZ達は喜んでそれに浸かっていた。その後、屈斜路湖畔の砂湯で休憩の後屈斜路原野YGH（ユースゲストハウス、以下同じ）まで。屈斜路湖周辺道路は片側1車線だが道幅が広いので走りやすかった。

このYHは設備が非常に良くて今までのYHの中で最上位に

位置づけられる。また、夕食の時にOZのサムさんの誕生日を皆で祝った。今日の宿は「屈斜路原野YGH」。

＊abcRIDEのメンバー。

●**7月12日（水）雨・曇**　第7日目は屈斜路湖フリーデイで50km。
　朝から雨で、皆さんはトラックで露天風呂に出掛けて行ったが、自分は一人部屋の中で今までに購入した写真帳やパンフレットを見ながら雨が止むのを待っていた。11時頃になって雨が上がりそうな気配になってきたので雨具持参で出掛けた。
　屈斜路湖畔の道路は、昨日は気がつかなかったが結構アップダウンがあって、川湯温泉までの距離を長く感じた。JR川湯温泉駅のレストランで食事をして、アイスクリームが美味しいというくりーむ童話・川湯相撲記念館＊・川湯ビジターセンター等を見た。摩周湖には行けなかったが、まあこれで十分。今日の宿も「屈斜路原野YGH」。

＊平成25年3月8日付で「大鵬相撲記念館」に改名。
　大鵬幸喜は平成25年1月19日逝去。

●**7月13日（木）晴**　第8日目は屈斜路湖～温根湯温泉の110km。
　本日は今回ツアーの第2の難関である美幌峠があるため、足に自信のない人は一足先に出発することにした。7時30分に渡辺喜久さんと2人でトップに出発し、途中OZに抜かれたがマイペースで走った。
　国道243号線は片道1車線だが比較的広くて車の数も少なく

て走りやすかった。いよいよ上りが始まる所からは渡辺さんに先行して走った。勾配はそれほどきつくはないが、だらだらと長く続いて結構疲れた。美幌峠頂上（標高439m）で大休止の後、豪快な下りでスピードを楽しみ、峠の湯びほろで小休止の後、今度は国道39号線で北見まで。

　昼食後再び国道39号線を西に向かって走った。この辺の道は片道1車線で側道も狭く車の量も多少多目であったが、温根湯温泉街に入ってつつじ荘の看板を見つけて全員無事到着。西川君*の後輪バーストがちょっと心配。下りの走行マナーは相変わらず悪い。今日の宿は「つつじ荘」。

＊abcRIDEのメンバー。日本一周中で今回のコースを一緒に走った。

●**7月14日（金）晴**　第9日目は温根湯温泉〜層雲峡の60km。

今日は、今回ツアーの第1の難関である石北峠（標高1,050m）があるため、今朝も7時に渡辺さんと2人で一足先に出発した。上りの長旅であるので途中こまめに休息を取りながら上って行った。最初は軽い

銀河の滝

上りであったが、第2回休憩の後ぐらいから明らかに勾配がきつくなってきた。その頃から渡辺さんに先行してマイペースで上り始めた。道路は片道1車線で側道はそれほど広くないので

大型バスが来るとやはり恐い。上って行くにしたがって一部勾配が急でスキーのジャンプ台を思わせるような急坂もあって必死に上った。頂上には30分足らずの間に全員が上りきり大成功だった。下りは途中に2、3kmのトンネルがあるということでヘッドライトと点滅テールライトを準備して走り始めた。トンネルは約90cm幅の柵付側道だが薄暗くてよく見えず、前走者の後輪を見ながらゆっくり走ったがやはり恐かった。層雲峡には昼少し前に着いて、流星の滝・銀河の滝・双瀑台を見て、その後食事をしてから層雲峡YHへ。午後はフリータイムで渡辺さんと2人でロープウェイとリフトを使って黒岳に行ってきた。今日の宿は「層雲峡YH」。

● **7月15日（土）晴**　第10日目は層雲峡〜旭川の90km。

　出発前の8時頃にこれから走る方向を見ると、黒い雲が低く垂れ込めて一雨来そうな感じ。一瞬不安がよぎったがしばらくすると希望的観測で雨雲が薄くなってきたように見えた。そんな一抹の不安を持ちながら出発したが、しばらく走ると青空も出てきて天気の心配はなくなった。しかし道路が濡れていて小さな水溜りもあって直前に俄雨があったようで我々はラッキーだった。

　今日も国道39号線を走って、層雲峡の崖がなくなると広い田圃に変わった。愛別町を過ぎた辺りから石狩川沿いのサイクリングロードに入った。このサイクリングロードは旭川まで続いており非常に快適。皆さん特にOZがマイペースで走り、まさに脚力比べの様相を呈していた。旭川近くに来て途中から左折して一般道に入り旭山動物園まで。途中から呉山さんも旭山

動物園まで走ってくれて嬉しかった。皆さんは旭山動物園に行ったが、私は7月5日に見ているので1人で旭川に戻り旭川博物館を見た。雪の美術館は時間がなくてパス。そして午後5時頃「ホテルカンダ」に到着。今日の宿は「ホテルカンダ」。

●**7月16日（日）晴**　第11日目は旭川〜富良野の60km。

今日は初日とは反対方向で国道237号線を南に向かって走った。この道は市街地を外れると片道1車線ではあるが側道が比較的広くて走りやすかった。

パッチワークの道

千代ヶ岡のコンビニで休息後、国道を右折して細い道を絵地図を見ながら美瑛の丘を目指した。丘陵地帯に入ると上りが続き、最後は勾配が急な坂を上ってセブンスターの木の所に出た。小休止の後、美瑛の丘を走って最高の気分。ケンとメリーショップを覗いて、再び国道237号線に出て上富良野に向かった。上富良野の日の出公園（ラベンダー園）で2時間の休憩。この日は公園のフェスティバルで屋台や舞台の催物、おまけにラベンダー結婚式もあって皆で楽しんだ。大休止の後、再び国道237号線に出て中富良野に向かった。中富良野駅周辺は車が渋滞していたが、自転車は歩道を走ってスイスイ。最後は急な坂を上って「なかふらの山荘」に到着。夜は中富良野町営ラベンダー公園で花火大会があってOZも喜んでくれたと思う。今日の宿は「なかふらの山荘」。

●**7月17日（月）晴・俄雨**　第12日目は富良野フリーデイで50km。

今朝、渡辺喜久さんがここから帰宅した。

今日も山に行く人、温泉に行く人があってそれぞれ出掛けたが、自分はこの近辺を見て歩くことにした。

まず近所のファーム富田を見た後、富良野に行って北海道中心標（小学校の校庭にある）を見て、再び中富良野から上富良野に行って後藤純雄美術館を見た。美術館ではレストランが当日貸し切りで食事ができず、おまけに俄雨で出るに出られずロビーで時間を過ごした。雨が小止みになったのを見計らって美術館を出て上富良野の街で食事をして山荘に戻った。

しかし、今朝干しておいた洗濯物は雨に濡れてしまい、全部洗い直し。今日の宿も「なかふらの山荘」。

●**7月18日（火）雨・晴・雨**　第13日目は富良野～留萌の120km。

朝からドンヨリ曇り空。雨が降らないようにという期待も空しく、出発時刻7時20分頃から雨が降り出して皆さん雨具を着て出発。富良野から芦別・滝川に行く国道38号線に出るのに富良野まで行かないで中富良野から山を1つ越して38号線に出る近道を通ったが、出発早々の上り、しかも雨の中で少々参った。38号線に出てからはほとんどアップダウンがなく、また最初のうちは広い側道もあって走りやすかった。

上芦別のコンビニで小休止をしたが、この頃から雨も上がって強い日差しが照りつけてきたのでここで雨具を脱いで身軽になって走り出した。滝川から北竜町までは国道275号線を走り、

北竜町からは国道233号線を走った。北竜町は向日葵が有名だが国道からはお目に掛かれなかった。北竜町の北竜門で昼食後出発しようとしていたら、また雨が降り出してきたので再び雨具で完全装備して出発した。ここからはマイペースで走ったのだが、一度隊列から遅れるとほとんど挽回は不可能。途中道路工事があったりしたが何とか留萌に到着。留萌の街に入ってから川村旅館までちょっと迷ったが何とか旅館に到着した。

　今日は山本さんの誕生日で、夜皆でハッピーバースデイ。今日の宿は「川村旅館」。

●7月19日（水）晴・俄雨　第14日目は留萌～天塩の120km。

　朝留萌の街を散歩して宿に帰ってきたら、皆さんもう出発の準備をしていて、昨日の雨中走行の措置もあってちょっと失敗。何とか出発には間に合わせたが、最優先事項は何かをよく考えないといけない。

　今日と明日は北海道西海岸線の日本海オロロンライン（国道232号線）で、今回のツアーで最も景色が良くて走りやすいコースである。そこでこの2日間はフリーランということになっていた。道路は片側1車線で側道との境界線はないが、十分広くて走りやすかった。緩い追い風だったが、もしこれが強い追い風であると申し分なしというところであったのだがちょっと残念だった。初山別近辺ではアップダウンが結構あってだいぶ苦しかった。みさき公園で昼食後走り始めたが、午後はアップダウンも少なくてまずまずといったところ。遠別町の自転車屋でラリーさんの後輪車軸の修理を頼んでみたが、部品がなくて札幌の自転車屋を教えてもらってそのまま走ることに

なった。そして夕方早目に夕映え温泉に到着した。今夜の宿が今回の旅行で最高の宿ということであった。今日の宿は「天塩温泉夕映え」。

● **7月20日（木）晴**　第15日目は天塩〜稚内の80km。

風力発電プロペラの列

　今日のコースは昨日よりもっと良くて今回ツアーの最高のコース。天塩の町を出るとすぐに海岸沿いの道道106号線に入った。この道は片側1車線だが幅広の側道が完備していて走りやすかった。途中道路脇に風力発電の風車が約100基並んでいたのは壮観だった。一昨年来た時は本降りの雨で風車があることは分かっていたが断片的にしか見ていなかったので、今回は周りの景色を含めて十分堪能した。

　皆さんは道道から右折してサロベツ原野へ行ったが、一昨年の経験からこの時期ほとんど見る物がないので私は直進を選んだ。直進したのは呉山さん、天野さん、尾石さん、私の4人。尾石さんを除く3人で少しスピードを緩め、左に利尻島を見て周りの景色を眺めながらゆっくりと走った。なかなか伴走のトラックが見つからなかったが、抜海で見つけてここで昼食。後続部隊は1時間後と思っていたら30分後に早くも到着して

ちょっとびっくり。昼食後は少し向かい風であったが、ノシャップ岬で小休止の後夕方早目に「稚内モシリパYH」に到着。

夜は町の食堂「車屋源氏」で完走食事会。そしてYHの食堂で杉浦さんの繰り上げ誕生祝いで盛り上がった。今日の宿は「稚内モシリパYH」。

● **7月21日（金）晴** 第16日目は稚内観光と稚内⇒利尻島移動の20km。

今朝、山本さんがここから帰宅した。

今日はほとんどの人が宗谷岬に出掛けたが、自分は一昨年行っているので今回は行かずに半日フリーデイで稚内公園に行った。稚内公園では氷雪の門・九人の乙女の像・開基百年記念塔・北方記念館等を見た。

氷雪の門

皆さんが宗谷岬から戻ってきたので、皆で一緒に稚内観光サービスセンターで食事をした。しばらく休憩の後、自転車でフェリー乗り場まで行って乗船の準備をした。自転車はそのまま乗ると特殊手荷物運賃として1,210円取られるが、輪行袋に入れると受託手荷物運賃として420円ですむ。そこで日本人のほとんどが分解して輪行袋に詰めたが、OZは輪行袋がないのでそのままなのでちょっと気の毒な感じ。

フェリーには乗車口から乗船して船底に自転車を置いて船室

へ。1時間40分の航海の後、利尻島の鴛泊港に到着。下船後、自転車を組み立てて走って、YHには薄暗くなってから到着。また、今回はカメラのバッテリーチャージャーを忘れてきてしまったので、明日から写真撮影をグンと控えなければいけない。今日の宿は「利尻グリーンヒルYH」。

●**7月22日（土）晴**　第17日目は利尻島フリーデイで70km。

　今日も山に行く人と利尻島を観光バスで回る人は早々と出発してしまって、自転車で島巡りをするのはキースさん・テッドさん・メアリーさん・菅原さん・それに私の5人だけになってしまった。島の東側が多少アップダウンがあるということで東側から回ることにした。YHを出発してすぐにサイクリングロードに入って走り始めた。サイクリングロードはよく整備されていて走りやすい。緩やかな上りをしばらく走って最初の見所の姫沼に向かって一般道路を上っている時に、観光組の車に会って大声で交歓した。一般的に道路は狭かったが車が少ないので走りにくいということはなかった。予定より早目に進行したので昼頃には沓形まで行ってしまった。沓形で昼食後、街頭で高校生のダンスフェスティバルを見物し、足湯にも入ったりして皆さんに喜んでもらえたと思う。沓形からの最後の走りは強い向かい風で参ったが、サイクリングロードでカモメの大群に会ったりして楽しかった。YHには早目の到着。

　今日はサイクリングロードで2度も車に会って不愉快だった。夜は尾石さんと居酒屋に行って楽しかった。今日の宿も「利尻グリーンヒルYH」。

日本一周編

●**7月23日（日）晴**　第18日目は利尻島鴛泊港⇒礼文島香深港と礼文島遊覧で40km。

スコトン岬

　準備の整った者から順次出発。鴛泊港から香深港までは距離が短いため、特殊手荷物としての自転車の運賃と受託手荷物（輪行袋の自転車）との運賃の差が190円しかないため今回は自転車をそのまま乗せた。

　香深港からは海岸通りを走ったが強い向かい風で参った。道路は狭く所々で1車線の所もあったが車が少ないので危険は感じなかった。道路は全部平坦だと思っていたら深泊の町に入る最後の所で長い上りがあってこれは想定外だった。久種湖キャンプ場でまず荷物を降ろしてから深泊の町で食事をして、今夜と明日の朝の食材を買って一度キャンプ場に戻ってからスコトン岬に出掛けた。岬に近づくにしたがって上り坂と強烈な向かい風で、やっとの思いでスコトン岬に到着した。礼文島は風のためと思われるが、草は生えているが樹木はほとんどなくて緑の小山という感じだった。スコトン岬は宗谷岬と並ぶ日本最北端でその雄大な景色は素晴らしく、本当に来て良かったと実感した。帰路は山の尾根のような道を通ったが、島の西側も見え

て結構良かった。キャンプ場には早目の戻り。
　夜のコテージでの集まりも楽しかった。今日の宿は「久種湖キャンプ場」のコテージ。

●**7月24日（月）晴**　第19日目は久種湖キャンプ場〜香深港⇒稚内⇒札幌の20km。
　今朝起きて雨でなくて一安心。携帯する荷物を少なくするために雨具を持参していなかったので。
　今日は今回のツアーで最後の走りになるが、最も心配したのはパンクの問題。万一パンクしてフェリーに間に合わなかったら稚内からのJR線に乗れず、今日中に札幌に着くことができない。幸い全員無事に香深港フェリーターミナルに到着した。これで自転車走行の全行程を終了。自転車は今回は輪行袋に詰めて手荷物扱いとした。また、札幌に着いてから翌日のフリーデイも自転車は使わないつもりだったので、今回の梱包がそのままトラック運搬及び飛行機の手荷物となるため少し丁寧に梱包した。
　稚内に着いてからまずトラックに荷物をキチンと積んでトラックを送り出し、JR列車の発車までは自由時間となった。列車は定刻通り発車して定刻通り札幌に着いた。札幌からは地下鉄で学園前下車で今日の宿である「札幌国際YH」に到着。今日までの全走行距離は1,410km。

●**7月25日（火）晴**　札幌フリーデイ。
　今日はOZもフリーの方が良いということで、私は小樽に行った。小樽運河・小樽市博物館・旧日本郵船小樽支店等を見

た。旧日本郵船小樽支店ではガイドから丁重な説明をしてもらって感激した。

夕方札幌に戻って、夜は札幌大通り公園のビアガーデンで皆で楽しんだ。

今日の宿も「札幌国際YH」。

●**7月26日（水）晴**　OZ帰国、日本人各々帰宅。

朝9時出発で地下鉄とJRで千歳空港へ。OZの出国手続きに時間を食ったが時間的余裕を持ってきたので問題なし。その後空港でOZとお別れでハグもあって来年の再会を約して別れた。その後名古屋組を見送ったが、ここで夢の世界から現実に戻った感じ。最後に一人羽田に来て帰宅した。

【今回の旅の総括】

アクシデントはベロニカさんの怪我だけで自転車の事故はなく、大成功と思う。自分としてもサイクリングを充分楽しんだ。

第12章　知多半島

　今回はこの年（平成18年）7月に行った日豪・中高年自転車の旅 2006 in 北海道（第11章）の報告会＆反省会を知多湾の日間賀島で行った時に、知多半島一周110kmを走った。

●9月9日（土）晴　大府駅前〜片名漁港⇒日間賀島の50km。
　輪行袋と荷物を持っての各駅停車の旅は乗り継ぎ時の運搬が大変。大府駅には石川さん*が迎えに来てくれていて助かった。荷物を荷台に括り付けるのもうまくいってまず一安心。途中で秋子さん*と落ち合って3人で走った。
　大府市街地は石川さんの案内で間道を走って走りやすかった。多少の向かい風ではあったがそれほど苦にならず、現地集合時刻には十分間に合った。しかし、予定より時間を食ってしまった。今日の宿は「日間賀島上海荘」。

＊2人ともabcRIDEのメンバー。

●9月10日（日）晴　日間賀島⇒片名漁港〜大府駅⇒平塚の60km。
　今日走ったのはいずれもabcRIDEのメンバーで、石川さん、秋子さん、尾石さん、私の4人。
　今回は知多半島を走ることにしてまず西海岸に出たが、海岸沿いの道は海も近いし多少追い風で楽しい走りだった。予め計画していた所はほとんど全部立ち寄らず、ただひたすら走った。

太田川近くで尾石さんと別れ3人で大府に向かった。大府市内で秋子さんとも別れ石川さんと大府駅に向かったが、駅寸前で激しい夕立に遭い滑り込みセーフで駅前のコンビニに到着。自転車は駅前の自転車屋に頼んで送ってもらうことにした。

今回は知多湾一周だったが、渥美半島は次の機会に走ることにする。

日間賀島の歓迎モニュメント

第13章　九州西海岸

　今回は平成18年10月に「早数七の会」で2泊3日の九州旅行に行った時、3日目の朝に皆さんと別れて雲仙から鹿児島まで550kmを5日間で走った。

＊「早数七の会」は第3章で既出。

●**10月19日（木）晴**　第1日目は雲仙〜人吉の120km。

島原港

　出発前に荷物を装着し、後輪に空気を入れていたらバルブの頭が折れてしまった。一瞬自転車を折り畳んで担いで行くことも考えたが、まずはバルブを探すことにして、2kmほど離れたガソリンスタンドまで歩いて行ってバルブを貰ってきた。お陰で出発は大幅に遅れてしまって8時40分の出発。

　雲仙から島原港までは長い下りだがカーブが多く見通しも悪いためスピードは出せなかったが、それでも20kmを40分で走った。島原港では10分待ちでフェリーに乗れたが、熊本港が10時50分で当初予定より約2時間の遅れとなった。宇土から八代までは海寄りの道を走るつもりであったが、いつの間にか3号線に入ってしまいそのまま走った。八代から人吉までは

球磨川沿いを走った。結構アップダウンがあったが景色は良かった。時間遅れを挽回するため途中は何も見ず、休憩時間も減らしてひたすら走り、5時過ぎに宿に到着した。今日の宿は「国民宿舎くまがわ荘」。

本日の教訓 1．タイヤに空気を入れる時は荷物を降ろしてからやること。
2．事故発生の時は冷静に対処すること（バルブは予備チューブにも付いている）。

● **10月20日（金）晴** 第2日目は人吉〜一房ダム〜水俣の140km。

朝6時半の出発で219号線を湯前まで。道路はほぼ平坦で多少狭い所もあったが、それほどの混雑もなく予定通り8時頃湯前に到着。コンビニでパンと牛乳を買って湯前駅の待合室で食べた。昔、菊池君達もこの

一房ダム

辺に滞在していたと思うと感無量といった感じ。そこから一房ダムまでは思ったほどの上りはなくて最後にループ道路の上りがあって一房ダムに到着。遂に来たという感じで今は亡き福山勝郎君を思い浮かべる。一房ダムは予想していたよりさびれた感じで、福山君に良い写真を提供できるかちょっと心配。帰路はまず湯前まで下って、松の泉酒造・おかどめ幸福駅・人吉クラフトパークと予定の所を全部立ち寄ってきた。一度くまがわ荘に寄ってから昨日来た道を逆方向に下って行った。多少

の上りはあったがほとんどが下り。小口橋を左折して佐敷に向かったが、ここも峠くらいの上りを覚悟していたのであるがそれほどでもなくて助かった。佐敷からは再び3号線で水俣まで。水俣の街に入った時は薄暗くなってしまったが、何とかライトなしで走って宿に到着。日没が関東地方より30分ほど遅れているので助かっている。今日の宿は「BHサンライト」。

＊日立製作所時代のコンピューターの保守員。
＊＊日立製作所時代の職場の同僚。一房ダムの初代データーロガー用コンピューターを一緒に設計した。

● **10月21日（土）晴** 第3日目は水俣〜吹上浜の110km。

　朝6時40分の出発でいつもと同じペースでスタートしたが、割合とアップダウンがあって苦労した。出水のツル観測センターは案内板の不備で場所が分からずだいぶ時間をロスした。しかしこの時期鶴がいるはずもなく、ただ観測センターの中を見学しただけ。次のコンビニで会った福岡から鹿児島までランニングで行くという小父さんには敬意を表する。

　阿久根から串木野に向けて走っていて何となくスピードが上がらない感じだったので、串木野のガソリンスタンドでエアーを入れてもらって少し楽になったように感じた。串木野のゴールドパーク串木野で時間調整をするつもりでいたら既に閉鎖になっていたので、3時過ぎには「吹上浜YH」に着いてしまった。ここは素泊りで夕食と風呂は自分でやるということで「自分のことは自分でやる」精神に合っていると思う。

　本日最大の収穫は、吹上浜YHオーナーの「安山フジエさん

89歳」に会ったこと。今日の宿は「吹上浜YH」。

● **10月22日（日）晴** 第4日目は吹上浜〜鹿児島の140km。

YHで簡単な食事が摂れたので出発時刻が遅れて朝6時50分となったが、全体日程としては良かった。道路は適当にアップダウンがあったがあまり苦にはならなかった。

開聞岳

道の駅「きんぽう木花館」でちょっと時間を取り過ぎてしまったが、人との話は大切にしたい。加世田から枕崎まではここも峠くらいは覚悟していたのであるが、多少のアップダウンはあったがほとんど平坦でこれも大助かり。枕崎から指宿までは海岸線なので平坦と思っていたら、ここはアップダウンの連続でしかも向かい風でだいぶ苦労した。

国道226号線から山川に入る時に、走行中の放屁で下着を汚すという大失敗をやらかしてしまった。それの後始末のために大きな時間的ロスを生じてしまった。今後は十分注意が必要。

指宿からは道路がほとんど平坦で、しかも今度は追い風になったので時速30km前後でバンバン走った。しかし、鹿児島市内に入ってからホテルまではだいぶ時間を食ってしまった。最後にはヘッドランプとテールライトを点けて市内の歩道を走った。今日の宿は「オリエンタルいずろ」。

> **本日の教訓** 1．走行中は体調に十分注意すること。
> 2．大きな街に宿泊する時は街中走行時間を充分とること。

●**10月23日（月）晴** 第5日目は鹿児島市内～鹿児島空港⇒羽田空港⇒平塚の50km。

　今日は時間的に十分余裕があるので、ホテルでゆっくり食事をしてから出掛けた。市内では維新ふるさと館・西郷隆盛銅像・黎明館・薩摩義士碑等を見て、市街地ではザビエル上陸記念碑・我は海の子の碑・仙巌園・尚古集成館等を見て空港に向かった。仙巌園から隼人までの海岸通りは一部を除いて片側2車線で、しかも側道もあって走りやすかった。追い風も利して時速30km前後で走った。しかし途中で俄雨に遭ったが避難場所がなくて海岸の棕櫚（しゅろ）の木の下で凌いだ。隼人で早目の昼食を摂って空港までの最終ランに入った。今年の春に来た時は空港から223号線までは下りだったので今回は多少の上りは覚悟していたが、実際に走ってみたら相当に厳しかった。途中で何回も休んで時には押して歩いたりした。最後の12kmに1時間掛かってしまった。しかし時間的には十分余裕があったので問題はなかった。

> **本日の教訓** 1．復路の空港が高台にある時は、リムジンバスを利用した方が良い。

日本一周編

第14章　四国一周・しまなみ海道

　今回は、平成19年5月に四国一周と、平成17年の「万博いきいき自転車の旅2005」で走った雨のしまなみ海道を再度走ったもので、1,170kmを11日間で走った。

●**5月8日（火）晴**　第1日目は松山空港～大洲の90km。
　松山空港では出発準備に時間を要し、出発が9時45分と大幅に遅れてしまったが、今日の行程は短くしてあったので問題なし。
　瀬戸内海側は海もきれいで、歩道・自転車可の道が割とよく整備されていて走りやすかった。それに道端の造作が多くあり、また花もきれいで和やかな雰囲気。八幡浜の諏訪崎で駐車場まで行ったが、岬まで更に1,800mあるということで断念した。「大洲郷土館YH」には5時前に着いて、大洲の街の見物とYH内にある郷土資料館を見学した。
　本日最大の収穫は郷土資料館（大洲城山郷土館）で国宝級の展示物を見たこと。今日の宿は「大洲郷土館YH」。

●**5月9日（水）晴**　第2日目は大洲～御荘町の100km。
　朝6時の出発。結果的に早朝の出発は良かった。今日もアップダウンが多く、またトンネルも多くて苦労した。道路は自転車通行可の歩道が整備されていて、市街地や坂道では大いに利用した。トンネルも新しいトンネルは人と自転車は別のトンネ

凸凹神堂のシヴァ神とナンディ（従牛神）

ルというのが2本あって、これはなかなか良かった。しかし一般的にトンネルは恐い。御荘町では宿が街の中心との先入観があって街の中心まで行ってしまったが、結局2kmほど後戻りということになってしまった。

　今日は時間的に余裕があったので、宇和町の米の博物館・開明学校、宇和島の和霊神社・宇和島市立歴史資料館・多賀神社、津島町の南楽園等を見物できた。しかし最も時間を費やしたのは多賀神社（地元では凸凹神堂というらしいが要するにSEX博物館）で、1時間でも十分には見られなかった。今日の宿は「民宿磯屋」。

本日の教訓 １．目的の街に着いたら直ちに宿に電話で確認すること。

●**5月10日（木）曇・晴・強風**　第3日目は御荘町〜足摺岬の100km。

　ゆうべ小雨が降ったようで道路が濡れていたが特に問題はなかった。宿毛に着いたら小雨が降ってきてちょっと心配した。また大月でも出発しようと思ったら小雨でちょっと心配したが、走り始めたら天気も回復してきて一安心。大月辺りから強風に見舞われたが幸い追い風だったので助かった。また大月を出て

すぐに下りとなり、追風にも恵まれて7〜8kmの快適なスラロームを楽しんだ。四国の西側は坂とトンネルが多い。

今日の宿の「あしずりYH」には5時前に着いて、宿に荷物を置いて遊歩道を歩き、展望台では水平線が円く見えるのに感動した。また、今日のハイライトは宿毛市内で見た五重連ぐらいの水車で、そのうちの2つが早大奥島総長（第14代総長奥島孝康）と早稲田大学の寄贈という物だった。

奥島総長寄贈と早稲田大学寄贈の水車

● **5月11日（金）晴** 第4日目は足摺岬〜窪川（四万十町）の110km。

朝4時20分に起きて日の出を見に行ったが、もやが掛かっていて水平線上はるか上の方で赤く輝くのが見えただけでちょっと残念。

宿を7時半に出発したが、いきなり坂道で参った。中村に入る手前の四万十野鳥自然公園は認識できずパス。中村市内では食堂が見つからずに苦労した。今日のハイライトは中村のトンボ王国「あきついよ」で、ここで1時間半ほど滞在した。中村から窪川までも結構坂道が多くて参った。今日も坂道とトンネルが多かったが明日以降に期待する。

5時過ぎに宿に到着して、夜夕食後の皆さんとの話も楽しかった。今日の宿は「YH岩本寺」。

●**5月12日(土) 晴** 　第5日目は窪川(四万十町)〜高知の100km。

　今日の横波半島は大誤算だった。小さな半島なので海岸線を期待していたのであるが、実際にはアップダウンの連続でしかも見る所もほとんどなし。次回から計画時には十分注意すること。桂浜にも寄ったが、3回目なので感慨なし。桂浜から高知市内に入る道が分かりづらくて方向感覚を頼りに走った。

　今日のハイライトは自由民権記念館で、1時間では十分見ることができず本を買ってきたのでもう一度調べてみる。自由民権記念館からはほとんど迷わずに宿に着くことができた。今日の宿は「高知YH」。

●**5月13日(日) 曇・晴** 　第6日目は高知〜宍喰の130km。

室戸岬

　朝6時出発。高知城で写真を撮ったが、城が高台にあり、城のそばまで行くのに時間が掛かり、今日の予定にしておいて良かった。1時間ほど走って町中のレストランでモーニングサービスの朝食を摂ったが、これが結構良かった。

　今日はほとんど平坦道路で走りやすかったし、一日中追い風でこれも幸いした。安芸市夜須町のサイクリングセンターから始まったサイクリング道路は約10kmあってなかなか良かった。

室戸岬から甲浦までは何もなくてただ走るだけ。宍喰町でも宿を通り越してしまって1kmほど後戻りした。

今日の民宿は昨年11月の竣工で立派な宿だった。今日の宿は「民宿えびす」。

●**5月14日（月）晴**　第7日目は宍喰〜徳島と鳴門見物の140km。

朝7時出発。一昨日横波半島が想定外の道路状況だったので、南阿波ラインはパスした。しかし途中見る物がほとんどなく、見たのは薬王寺くらいで、2時には「徳島YH」に着いてしまった。国道からYHに入る所で少し迷ったがすぐに挽回できた。ここのYHも小さな山越えになっていて、なんでYHはこんな場所が多いのか癪にさわる。

YHが15時30分オープンということなので、荷物を付けたまま鳴門に出掛けた。最後の所で、鳴門公園に行くための小鳴門橋には歩道がなくて危険なので引き返してきた。

徳島YHが一見廃屋風でちょっとびっくり。今日の宿は「徳島YH」。

●**5月15日（火）晴**　第8日目は徳島〜多度津の150km。

今日が一番厳しかった。徳島を出て第1札所の霊山寺に寄ってから鳴門市ドイツ館に向かった。ドイツ館では1時間余り過ごしたがなかなか見応えがあった。ドイツ館を出た後11号線

鳴門市ドイツ館

を走ったが、向かい風もあって途中位置を確認しながら走ったのであるが、標識を見誤って徳島自動車道沿いの道に入ってしまった。土成町から白鳥まで山越えで結局2時間ほどロスしたことになる。11号線に戻ってからも国道が産業道路のようで大型トラックが多く、危険を避けるために歩道を走るとますます距離を稼げなくなる。しかし安全第一で致し方ない。高松市内も道路が分かりにくくて標識を頼りに走ったが、自分が今どこを走っているのか分からなくて苦労した。多度津に入ってついに日没となり、初めてトンネル以外でライトを点けて走った。今日の宿の「海岸寺YH」は素泊まりであることは最初から分かっていたが、夜遅く食堂を探すのは大変だった。宿ではオートバイの奈良部さんと一緒で、夜は話が盛り上がって楽しかった。今日の宿は「海岸寺YH」。

本日の教訓 1．標識は十分に確認すること。

●5月16日（水）曇・雨　第9日目は多度津～今治の130km。

朝6時出発。まず観音寺の銭形砂絵を見て、次は川之江の「紙のまち資料館」を見たが、すき絵の素晴らしさに感激。川之江から新居浜までは片道1車線ギリギリで大型トラックが走るためやむなく凸凹の歩道を走ったが安全第一ということ。新居浜の旧街道は延々7、8kmあって、国道と離れているためにだいぶ距離を稼げた。

午後4時頃、最後の休憩地今治道の駅でついに雨が降り出した。完全装備で走り始めたが、頭に憶えた地図に誤りがあって今治市内で右往左往してしまった。地図で確認すればそれほど

迷う所ではないのであるが、横着をして人に聞きながら走ったために大損失をしてしまった。今日の宿は「CTサンライズ糸山」。

本日の教訓 1．雨でも地図で時々確認すること。

●**5月17日（木）晴・強風**　第10日目は今治〜瀬戸田の60km。

昨日の雨で汚れた自転車の汚れを落として注油してから出発した。最初の来島大橋は強烈な追い風で時速40〜50kmの快走。大島のバラ園を見た後、強風のため予定を変更して大三島

来島海峡大橋

に直行することにしたが、317号線を自動車専用道路と勘違いをして島の西北側を走った。これが急坂があって難儀した。次の大島大橋では強烈な横風で走るのに身の危険を感じるほどだった。大三島でも予定を変更して何も見ずに生口島に直行し平山美術館で時間を使うことにした。生口島のYHに荷物を預けて平山美術館に行きゆっくりと鑑賞してきた。今日は強風のため見る所をだいぶ省いた。今日の宿は「瀬戸田しまなみYH」。

本日の教訓 1．地図を正しく確認すること。

●5月18日(金)曇・雨　第11日目は瀬戸田〜広島空港⇒羽田空港⇒平塚の70km。

尾道駅前で三村さんと

尾道駅前で三村さんに会うため、見るのは因島フラワーセンターのみとして安全を期した。正午に尾道駅前で三村さんに会って、駅前のラーメン屋で1時間ばかり話をした。すこしやつれたような感じがしたが年相応ということかもしれない。

尾道から2号線を走ったが、市街地を外れると途端に道が狭くなり、大型トラックの脅威にさらされながら走った。2号線をそれてから本郷町までは走りやすかった。広島空港まで残り7kmの地点で雨が当たってきたので、そこから空港まで長い上り坂であることも考えて、ここで自転車を畳んでタクシーで空港まで行った。これは結果的には良かったと思う。飛行機に乗り遅れたらそれこそ大変だから。

＊日立製作所時代の職場の上司。

本日の教訓　1．空港は概して高台にあるので無理せずにバスやタクシーを使うこと。

【今回の旅の総括】
　今回の旅も成功裏に終わった。出発前のタイヤ交換も安心の

材料だったし、自転車油の携帯も良かった。1日の走行距離を少な目にしたのも良かった。しまなみ海道は総じて走りやすかった。

第15章　東北・関東 太平洋岸

　今回は、平成19年10月の「アキタ会*」の帰りに、秋田から平塚までの780kmを9日間で走った。

＊旧アキタ電子の社友会。

●**10月21日（日）雨・曇・晴**　第1日目は秋田～湯田の110km。

ほっとゆだ駅

　朝起きたら晴れていたので自転車で行くことにした。朝食前に自転車を組み立てたが、宅配便の依頼もあって遅れに遅れて8時40分の出発となってしまった。
　出発間際に強い雨が降ってきたので完全装備で出発したが、協和町で雨具を脱いで走った。常に雨を心配しながら走ったが幸い大降りになることはなかった。それにこの時期は北よりの風のため追い風であることも幸いした。道路状況はまずまずで普通の走り。横手からの上りは大体予想通りでそれほど苦にはならなかった。道の駅「さんない」で空気入れを借りてタイヤに十分空気を入れて走ったのでだいぶ楽に走れた。JR北上線の「ほっとゆだ駅」に立ち寄って写真を撮ってきた。湯田の町から「中山荘」までは急激な上りで参ったが、それでも5時前に到着して暗くなる前に着

くことができた。今日の宿は「中山荘」。

● **10月22日（月）雨・晴**　第2日目は湯田～平泉の80km。

　ゆうべも雨で天気が心配。7時頃、後輪タイヤを見に行ったら残念ながら空気抜け。パンク修理と思ってやってみたが見つからず結局バルブ不良か。走り始めてしばらくしたら今度は前輪が本当にパンク。予備チューブに交換して30分ほどで直ったがロスタイムがだいぶ多かった。今日の行程計画を80kmにしておいて良かった。

　北上では桜の名所の展勝地を見た。季節外れで何もなかったが、桜の季節にはさぞかしきれいだろうと想像できた。また、中尊寺では月見坂を上って金色堂まで行ってきた。毛越寺には4時頃着いてパンクの修理もできた。今日の宿は「毛越寺YH」。

本日の教訓　1．バルブ等の部品は遠出の時は新品に交換しておくこと。
　　　　　　　2．1日の行程は80km、最大100kmが良い。

● **10月23日（火）晴**　第3日目は平泉～仙台の110km。

　朝食前に毛越寺境内を散歩して、鑓水を配した大泉ヶ池を中心とする浄土庭園を見てきたが素晴らしい景色だった。出発前にタイヤをチェックしたら前輪がペチャンコ。空気を入れて様子を見たがやはりダメで急遽チューブを入れ換えたが、出発が30分遅れてしまった。

　今回の旅行では初日からパンクの心配ばかりで、過去にこん

浄土庭園（左上が鑓水）

なのはなかった。今日は予想外に向かい風が強い区間があって参った。平地で前3番ギアを使ったのは初めて。仙台に着いてからもYHの場所が分からなくて参った。今日の宿は「エスポールみやぎYH」。

本日の教訓 1．市街地の場合には詳細地図を持参すること。

● **10月24日（水）晴** 第4日目は仙台フリーデイ。

　午前中は宮城県美術館に行って「日展100年」を見たが、あまり感慨はなかった。

　午後2時半に地下鉄泉中央駅で佐藤昭治さん[*]と待ち合わせて2、30年振りの再会。車で近所を案内してもらい、最後にご自宅で夕食をご馳走になってしまった。帰り際にシンビジュームと他の球根を貰ってしまい、宅配便で自宅に送った。佐藤さんご夫妻にはご迷惑をお掛けしたが楽しい1日だった。フリーデイは色々の意味で設けた方が良い。今日の宿も「エスポールみやぎYH」。

[*]日立製作所時代の仕事仲間。

● **10月25日（木）晴**　第5日目は仙台〜浪江の120km。

　朝食前にタイヤの空気圧をチェックした時はOKだったのに、出発時に後輪の減圧で少し混乱したが、昨日買ったボンベを使って一発でOK。昨日の100円ショップでの買物が有効に機能している。

　朝8時に出発。今日も向かい風で参ったが何でこの時期に南風なのか。北風の追い風を期待していたのに全くの期待外れ。途中見るものがなくて松川浦も全くの期待外れ。明日の予報は雨なので見物予定を全部パスして宿に直行。今日の宿は「福島いこいの村なみえ」。

本日の教訓　1．ボンベの携帯をキチンと考えておくこと。

● **10月26日（金）曇・雨**　第6日目は浪江〜日立の130km。

　朝起きたら曇空。日中は雨が降ることは分かっていたので、雨が降る前にできるだけ走っておこうと思って6時半の出発。午前10時頃、四倉まで50km走ったところでついに雨が降り出した。完全装備で走ったが日立まであと80km、身体の内外共にずぶ濡れ。

　今日は途中何も見ずにただ走るだけだった。明日は台風の影響で風雨共に強くなるという予報なので電車で移動することにする。

　それにしても今日も前輪の空気抜けがあり空気を入れ直して直ったが、バルブなのか何なのか調べておく必要がある。今日の宿は「BH吾妻館」。

●**10月27日（土）雨**　第7日目は日立⇒銚子を電車で移動。

　台風の接近に伴う大雨と強風の予報なので、今日の走行を断念して電車で移動した。所要時間が分からないため多少の時間幅は覚悟していたが、乗り継ぎが3ヶ所で予想以上に時間を食ってしまった。香取駅の屋根なしホームには参った。民宿には4時前に着いて後はゆっくり。明日の天気に期待する。

　なお、この区間は後日走ることになる。今日の宿は「民宿幾久屋」。

●**10月28日（日）晴**　第8日目は銚子～鴨川の130km。

月の砂漠の銅像

　朝5時半に起きて6時から自転車の組み立てと整備。またも前輪パンクでチューブ交換とパンク修理で結局1時間半ほど掛かってしまい、朝食後の出発は8時50分。

　天気は快晴で申し分なかったが、九十九里に出るまでが上り下りの連続で参った。九十九里海岸には10km余りのサイクリング道路があったり、一般道も車が少なくて走りやすかった。

　御宿で月の砂漠記念館の外観と月の砂漠の銅像を見ただけで、あとは全部パス。それでも鴨川に着いたのが5時過ぎでライトを点けて走った。秋は80km以下にしないと駄目だ。今日の宿は「民宿平野」。

●**10月29日（月）晴**　第9日目は鴨川〜金谷⇒久里浜〜平塚の110km。

鴨川海岸の日の出

　朝8時前に出発。途中向かい風で参ったが、館山からは追い風となり順調に走った。途中で天気予報になかった俄雨もあって多少時間のロスはあったが、金谷には予定通り11時半頃着いた。

　フェリーの中で昼食をすませて久里浜に着いてすぐに走り始めた。途中前ギアのワイヤー不良でちょっと苦労したが、逗子からは追い風で順調に走れた。自宅到着は3時半。

【今回の旅の総括】

1．秋のサイクリングは、日が短いのと雨が降ると寒いのでやめた方が良い。どうしてもやるなら1日80km以下にすること。
2．タイヤの空気抜けに十分注意すること。出発前にバルブの交換を行い、ガスボンベを持参すること。

第16章 北　陸

今回は平成20年5月に敦賀から直江津までの北陸路を走り、ついでに高田で従兄弟の哲男さんに、新井でヨシエ叔母さんに、上田でツエ叔母さんに会って、最後は高崎市の新町までの660kmを7日間で走った。

● **5月13日（火）晴**　第1日目は敦賀〜三国町の90km。

呼鳥門

朝起きたら雨だったが敦賀は快晴で一安心。敦賀の町でカメラの画素モード設定のために写真屋を探したが見つからず、余計な時間を費やしてしまった。

10時10分に敦賀の町を出たが、いきなり上りの山道とトンネルで参った。その上3つ目のトンネルの入口でテールライトのカバーと電池がなくなっているのを見てガックリ。出発前の電池交換の時にキチンと蓋をしていなかったらしい。

河野道の駅を出てからは下りで海岸に出たが、ここからが越前海岸でほとんど平坦な道で問題なく、北前船主の館・右近家、呼鳥門等を見てほぼ予定通り三国町の「三国屋」に到着した。到着後雨が降り出して明日が心配。今日の宿は「旅館三国屋」。

●**5月14日（水）晴**　第2日目は三国町〜金沢の100km。

　朝起きたら雨が上がっていて儲かった感じ。9時過ぎの出発で、相当ゆっくりムード。東尋坊・丸岡藩砲台跡・北潟湖・蓮如上人記念館等を見てから305号線を北上したが、大証寺の所で海岸線道路を見誤って8号線に出てしまった。予定路線ではなかったが距離的にもほとんど同じなのでそのまま走って小松まで。

　小松からそのまま8号線を走ったが、またもや道を間違えて金沢市内に向かう157号線ではなく手前の県南に向かう157号線に入ってしまって距離的にも時間的にもだいぶロスした。金沢市内に入ってからは、まず兼六園を目指して走り、兼六園の写真を2、3枚撮ってすぐに卯辰山のYHに向かった。ところが卯辰山の上りがきつくて自転車を押して上った。何とかYHを見つけて荷物を降ろし、夕食の時間まで付近を散歩した。今日の宿は「金沢YH」。

本日の教訓　1．**予め道路はよく調べておくこと。**

●**5月15日（木）晴**　第3日目は金沢〜泊の130km。

　8時過ぎの出発でちょっと出遅れの感じ。金沢を出て津幡から少し山道になってトンネルが3つあり、そのうちの1つは歩道がなくて怖かった。富山を過ぎた辺りから向かい風になってちょっと苦しかった。魚津では魚津埋没林博物館を見て大自然の不思議を感じた。魚津から泊までは何とか明るいうちに着いたが、天香寺が分からなくて参った。道を聞く人がいないのだ。それでも何とか暗くなる前に着くことができた。今日の宿は

「YH天香寺」。

● **5月16日（金）晴** 第4日目は泊～高田の90km。

朝日町歴史公園・百河豚美術館と立山連峰

　朝、出発前に天香寺近辺を散歩して、朝日町歴史公園の不動堂遺跡と百河豚美術館の外見を見てきた。

　宿の出発は7時で道の駅市振の関で朝食を食べた。

　市振から親不知の間にはトンネルが3つあり、そのうちの1つは歩道がなくて怖かったが、もう1つは歩道があり、更にもう1つ最も長いトンネルにはその外側に道があって（旧街道）安全に走行できた。2、3年前にこの辺のトンネルで日本一周のサイクリストが自宅目前で交通事故死したというのがあったが、どこが危険だったのか理解できない。親不知ではそこの駐車場付近で「如砥如矢（とのごとくやのごとく）」の石碑を見て、更にそこが親不知の最難関「天険」の真上であることが分かり、100m下の海岸まで行ってみた。親不知から糸魚川までは下りで櫛状の明かり取りのあるトンネルが2～3本あった。これは走行には問題なかったが、安全のための保守用と思われる歩道を走ると歩道は行き止まりだ。車道に出るには車歩道間の少し高い塀を乗り越えなければならず、荷物を積んだ重い自転車を押し上げてようやく車道に出ることができた。糸魚川で

は金子つつじ園・玉翠園庭園・谷村美術館等を見て回った。

　糸魚川から直江津まではまたまた向かい風で悩まされたが、名立近辺の久比岐自転車歩行者道にはだいぶ助けられた。直江津では裏駅に出てしまったため一瞬方向音痴になってしまったが、何とか高田に到着した。高田に入ってからも哲男さんの家がなかなか分からず苦労したが、何とか見つけて哲男さん夫妻に会うことができ、夕飯をご馳走になってから宿に向かった。今日の宿は「タカダキャッスルホテル」。

本日の教訓 1．知らない所に行く時は携帯電話があった方が良さそう。

●**5月17日（土）晴**　第5日目は高田～小布施の70km。

　朝8時過ぎに出発して高田公園に行ってみた。高田公園は桜で有名だが、今の時期は何もなくて、公園を一回りして野外彫刻等を見て、それから新井に向かった。

野尻湖

　新井の家では叔母さんと敏ちゃんと3時間余りを過ごしたが、叔母さんはだいぶやつれた感じ。また昨日哲男さんに貰ったお餅と洗濯物を宅配便で送り出した。

　午後1時に新井を出発して途中から18号線に入ったが、最初から18号線を走った方が良かったかもしれない。野尻湖まで

は上りの連続だったが、これは最初から分かっていたことなのでそれほど苦にはならなかった。野尻湖ではナウマン象博物館を見たが、VTRがなかなか良かった。

　野尻湖出発の時に自転車の前輪に不具合を感じたが、調べる余裕もなくてそのまま走った。野尻湖からは最初少し上ってあとは下り坂で約20km、今回のライドで最高の走りで快適そのものだった。

　小布施の町に入ってからYHの場所を聞いても分からなくて、それでも何とか明るいうちに宿に着くことができた。やはり携帯電話はあった方が良さそう。今日の宿は「おぶせの風YH」。

●**5月18日（日）晴**　第6日目は小布施〜小諸の100km。

　朝、小布施の町の中を走ったが北斎美術館くらいで大したものはなさそう。途中で昨日の自転車の不具合を調べたら、前輪の左側のネジがゆるゆるに弛んでいたのが分かった。これで下り20kmを時速4、50kmで飛ばしてきたかと思うとゾッとした。逆に言えば自転車には安全対策が取られているということでもある。

　出発は8時過ぎで更埴まではまずまずだったが、18号線に出てからは向かい風で少々参った。上田から144号線を走って傍陽に曲がる所が分からずちょっと遠回りをしてしまったが、栄ちゃんの出迎えもあってようやく到着した。叔母さんも栄ちゃん夫妻も皆元気で一安心。上田の家には2時間ほどいて4時前に出発した。

　傍陽から浅間サンラインまでは下りで順調に来たが、浅間サンラインに入ってからは上り坂と向かい風で参った。小諸近辺

に来て沿道の店で聞いてもYHの場所が分からず途方に暮れたという感じ。この時に携帯電話の必要性を最も感じた。ようやくYHの標識を見つけて左折したが、更にきつい上りで最後は自転車を押して歩いてようやく到着。YHの宿泊客は2名。今日の宿は「小諸YH」。

●**5月19日（月）晴**　第7日目は小諸〜新町⇒平塚の80km。

　朝起きたら薄日が差していたので、一瞬、予定通り石和温泉行を考えた。しかし天気予報は曇雨で、雨の中を走るのは危険で面白くないし、今回の旅の目的も達成したことから石和温泉行をやめて碓氷峠下りに変更した。

　浅間サンラインは小諸から軽井沢までは多少上りもあったがほとんど平坦で走りやすかった。碓氷峠の下りは霧と寒さでちょっと参ったが、それ以上に道路状態が悪くて幻滅。霧積分岐点辺りからようやく舗装も良くなって快適な走りを少し楽しんだ。高崎は市街地を通らず結局新町まで来て自転車を解体して荷物共々宅配便で送り、自身はJRで帰宅した。

【今回の旅の総括】

　日本海側の空白地域を走破したこと、横川の伯母さんの位牌に線香をあげたこと、新井と上田の叔母さんに会ったことで目的を達成した。

第17章　西・南 北海道

　今回は4度目の北海道で、平成20年7月に札幌から西回りで渡島半島を回って道南を大樹町まで1,400kmを16日間で走った。

●7月4日（金）曇　第1日目は千歳空港〜札幌市内の70km。
　千歳空港でサミット特別警戒の中を出発。空港を出て支笏湖への道道37号線が分からず、結局支笏湖には寄らずに恵庭渓谷沿いの道道1014号線を通って国道453号線に出た。渓谷沿いの道は緩い上りだったがそれほど苦にならなかった。国道453号線は少し上ってからは下りで快適だった。途中立ち寄ったのは札幌芸術の森だけ。札幌市内に入る前に豊平川のサイクリングコースを見つけて走ったが、人・自転車共に少なくて走りやすかった。ただ雨上がりで水溜りがあってハネが少し上がった。YHには4時半頃到着。今日の宿は「札幌国際YH」。

　本日の教訓　1．今日も道を間違えてしまったが、地図はよく調べておくこと。

●7月5日（土）晴　第2日目は札幌〜余別の110km。
　朝起きたら晴れていてラッキーといった感じ。8時前の出発で銭函まではほとんど平坦で問題なかったが、小休止の後長い上り坂でちょっと参った。坂を上り切った後は豪快な下りで小

櫻築港駅まで来た。小樽には3年前に来ているので駅前で写真を撮っただけ。1時間ほど走って蘭島の海水浴場の小屋で小父さんと話をして楽しかった。

その後フゴッペ洞窟とニッカウヰスキー余市蒸留

ニッカ会館

所を見学。余市蒸留所では1時間ほど工場案内をしてもらったが、最後にウイスキーの試飲があってこれが最高に旨かった。

美国からは最後の上りでこれが意外と厳しかったが頂上を過ぎたら緩い下り坂で快適に走れた。6時頃に今夜の宿に到着。朝銭函で会った岡本さんも来ていて、バイクで北海道周遊中の野沢さんと3人で楽しかった。今日の宿は「積丹YH」。

● **7月6日（日）晴** 第3日目は余別〜ニセコの90km。

朝4時に目が覚めて散歩をしたが、朝食前に神威岬に行っておけば良かったと反省している。8時20分の出発で神威岬をパスも考えたが坂を上って行った。今日はトンネルが多かったが

神威岬

歩道付きが多かったので助かった。途中神恵内で神恵内沖揚まつりに参加してビールを飲み、やん衆丼を食べて楽しかった。

岩内からは2時間半の上りで、峠の茶屋を過ぎてもまだ上り

があって参った。頂上からは豪快な下りで一気にニセコの入口まで。ニセコに入ってからも坂が多くて携帯電話で場所を確認しながら行って6時にようやく到着。

　今日はとにかく疲れた。今日の宿は「ニセコアンヌプリYH」。

●**7月7日（月）雨**　第4日目はニセコフリーデイ。

　今日はトレッキングを計画していたが雨で中止。一日中YHにいて今まで集めたパンフレットを読んだり、娯楽室から本を借りてきて読んだりしたが時間つぶしに苦労した。

　夕方雨が小止みになったので近所を散歩したが、森林部分が多くてハイキングの感じ。今日の客は私1人で、風呂に入ってビールを飲んでワインで食事、これがまた最高に旨かった。今日の宿も「ニセコアンヌプリYH」。

●**7月8日（火）曇・晴**　第5日目はニセコ～島牧の90km。

弁慶岬

　朝8時50分の出発。YHを出て昨日の道道66号線に出るのに少し長い上り坂があったが、それを過ぎると昆布町までは快適な下り。蘭越町から港町に出る道を間違えて尻別川の右岸の道路を走ったが大勢に影響なし。道の駅「みなと」を出て寿都で昼食を予定していたが、寿都の町の入口で上り坂の国道を避けて漁港道路を通ったために寿都町を通過してしまい、弁慶岬ま

で走ってしまった。その先にはコンビニも食堂もなくて、小さな店でパンとビールを買って腹を満たした。
「島牧YH」には早目に到着したので荷物を降ろして一休みした後、賀老の滝に向かったが、千走川温泉からは急な上りということで引き返した。夕食と夜は同室になった桜井さんと飲んで楽しかった。今日の宿は「島牧YH」。

●**7月9日（水）曇**　第6日目は島牧〜宮野の80km。
　朝8時過ぎの出発で、雨を心配してできるだけ走っておこうと思ったのであるが、結局雨はなくて良かった。
　島牧から北桧山まではトンネルが多かったが、トンネル内は向かい風の影響もなくて走りやすく距離を稼ぐことができた。しかしそれ以外は向かい風で参った。北桧山の町でゴム糊不要パッチを購入して一安心。北桧山から宮野までは峠越えかと思っていたら、ほとんど平坦で最後に少し上りがあったが豪快な下りもあって予想より楽な走りだった。「あわび山荘」には2時過ぎに着いてしまい、少し休憩の後大成町の見物に出掛けたら、ちょうど町内のお祭りで山車等を見た。今日の宿は「国民宿舎あわび山荘」。

●**7月10日（木）曇**　第7日目は宮野〜江良の100km。
　朝8時半の出発で熊石辺りまでは順調に来たが、その後は向かい風が強くて終日悩まされた。雨に遭わなかったのはラッキーだった。この辺は追分ソーランラインということになっているが、最後の石崎川から江良まではアップダウンの連続でしかも向かい風で参った。江良は松前の20kmほど手前で危うく

通り過ぎてしまうところだった。この時も携帯電話が役に立った。江良は松前の手前20kmなので明日の走行距離が増える分、ちょっと心配。

夕食の海の幸料理は最高に旨かった。今日の宿は「民宿いかわ」。

● **7月11日（金）雨**　第8日目は江良〜函館の120km。

朝8時前の出発だったが、出発する時は曇で、雨が降らないことを期待したが、10時頃から降り始めて結局1日中雨。

福島では青函トンネル記念館を見たが、大きな歯車の掘削機にはちょっと驚いた。福島からの山越えはある程度覚悟をしていたが、行ってみたらそれほどでもなくてやれやれといった感じだった。とにかく雨で眼鏡が曇ってよく見えないし、バックミラーもよく見えなくて大変な1日だった。

木古内からは平坦な道だったが、水溜りの穴に入ってしまったりトラックの飛沫を浴びせられたり大変だった。函館の街に入ったら青森からフェリーで戻ってきたOZ達と会って、そのままYGHまで一緒に走った。*

YGHに着いてからは濡れた物の始末が大変で、全部洗って部屋の中に新聞紙を敷いて干した。明日はフリーデイで、濡れた物を1日中干せるので乾くと思う。

夜は食堂で皆と飲んで食べて楽しかった。今日の宿は「函館YGH」。

＊この時、オーストラリアの中高年サイクリンググループと日本のabcRIDEが"2008 Friend-Ship Ride in Aomori"をやって

●**7月12日(土) 晴**　第9日目は函館フリーデイで大沼へ80km。

大沼と駒ヶ岳

　今日は皆(OZ8人、日本4人)で大沼と五稜郭に行った。走行距離は80kmで1日コース。小林さん＊がけがをしてちょっと心配。

　復路の大沼トンネルからの下りは先導の役得もあって最高の走りだった。

　YGHに戻ってからは洗濯物の整理収納で大変だった。お陰で函館山の夜景見物は中止した。夜のお別れ会も楽しかったが、その後山本さんの部屋で日本人4人でダベッてこれも楽しかった。明日から後半戦に入る。今日の宿も「函館YGH」。

＊abcRIDEのメンバー。

●**7月13日(日) 晴**　第10日目は函館〜大沼の110km。

　朝9時前にOZ達と一緒に自転車でYGHを出発した。途中、啄木小公園で最後のお別れをして空港入口で皆と別れた。そこからは再び1人旅。

　今日はほとんど追い風で快適な走りだった。恵山から椴法華(とどほっけ)

までは少し坂があったがほとんど問題なく走破できた。椴法華から鹿部町までではトンネルも多かったが車も少なくてあまり問題はなかった。鹿部町では、しかべ間欠泉公園で足湯しながら間欠泉を見物した。本日の行程最後の鹿部町から大沼までの道道186号線は少し上り気味の向かい風でちょっと参ったが、何とかYHに到着した。大沼付近で積算計が10,000kmをクリアーした。今日の宿は「大沼公園YH」。

●**7月14日（月）雨・晴**　第11日目は大沼〜今金の90km。
　ゆうべの雨で今日のライドが心配だったが、出発の時刻9時には霧が出ていたが雨も止んでいて一安心。
　1時間ほど走った所で前ギアの切り換えができなくなる事故発生。森町の自転車屋で見てもらったら泥と油のこびり付きが原因とのことだった。宿に着いてから前ギア部分を潤滑剤で洗浄したが直らず、明日長万部の自転車屋で見てもらうことにする。
　森町からまた雨で午前中いっぱい雨。午後は雨も止んで快適な走りを楽しんだ。国縫から今金まで最後の10kmは最後の部分が峠みたいでちょっと参った。今日の宿は「クアプラザピリカ」。

●**7月15日（火）晴**　第12日目は今金〜洞爺湖の80km。
　食事の時間の関係で出発は8時50分。最初の坂を乗り越えたらあとは国縫までほとんど下り。長万部で小さな自転車屋を見つけて前ギアの調整を頼んだが結局駄目だった。しかしトップからセカンドには入るようになったのでこれなら何とか行けそうと判断。長万部から静狩までは追い風で順調に走った。
　静狩から豊浦までは山の中を走ったが、2つ目の礼文峠は峠

洞爺湖

道を避けて海岸通りを走ったのは、山道でなく平らな道を選んだということで正解だった。3つ目の峠も何とか通過して豊浦まで。豊浦からは新しく出来たトンネルを通って洞爺湖へ出た。湖畔にはモニュメントが沢山あって、これらを見ながら走って4時前にはYHに到着した。

　一風呂浴びた後、有珠山噴火記念公園と1977年火山遺構公園に行き、夜は湖畔で温泉街の花火を見て楽しんだ。今日の宿は「昭和新山YH」。

●**7月16日（水）曇**　第13日目は洞爺湖〜苫小牧の110km。

　今日は昭和新山と有珠山ケーブルを考えていたが、8時に出発して山の方を見ると霧が掛かっていて、これでは苦労して登って行っても何も見えない可能性もあると思って、急遽コースを変更して伊達経由で走ることにした。

　伊達市に入る手前の道路脇に、横綱北の海記念館があったので立ち寄ったところ、開館前であったが中を少し見せてくれた。伊達市に入って「道の駅だて歴史の黎明館」で宮尾登美子文学記念館を見てきた。室蘭では白鳥大橋

ポロトコタンの
コタンコロクル像

を渡って市内に行くのをやめて当初の予定通り国道を走った。白老町のポロトコタンは雨の心配もなさそうなので立ち寄って見てきた。

　今日もほとんど一日中向かい風で参ったが、夕方から追い風になり快調に走れた。苫小牧市内に入ってからCTの場所が分からなかったが、親切な市民に助けられた。今日の宿は「苫小牧CT」。

●**7月17日（木）曇・雨**　第14日目は苫小牧～新冠の90km。

　今日も1日中風との戦いであった。9時前の出発で、雨は朝方に上がっていて幸いだったが強烈な向かい風に終日悩まされた。恐らく2割程度余分にエネルギーを使っているものと思われる。そして最後の10km付近からは本格的な雨で、YHに着いた時はビショ濡れだった。しかし4時頃の到着だったので処置はできた。今日の後半は坂の上り下りが沢山あって厳しかった。峠越えほどではないにしてもやはり苦しい。夕方から雨脚が強くなって明日がちょっと心配。YHではボイラー室が乾燥室になっていて大いに助かった。今日の宿は「ファンホース新冠YH」。

●**7月18日（金）曇・晴**　第15日目は新冠～襟裳岬の110km。

　朝は霧雨模様だったが、30分ほど走ったら霧も晴れてまずまずの日和。向かい風は相変わらずだったが昨日ほどではなかった。出発時、途中の雨を考えて雨具をナップザックに入れてきたが、途中の道の駅でクッションパンツを装着して走った。やはりこれはあった方が良さそう。

浦河町では、浦河町立馬事資料館・優駿の門のある浦河町立郷土資料館等を見学した。またJR日高本線様似駅で写真を撮った。歌別から最終の13kmはアップダウンの連続で上り坂は自転車を押して上った。岬の尾根に着いて岬の突端に向かって走り始めた時は思わず「襟裳岬」を口ずさんでいた。襟裳岬に着いてからまず襟裳岬の看板の前で写真を撮り、その辺を見て回りながら宿を探したが宿の位置が分からずうろうろしてようやく到着した。

襟裳岬

海上には厚い雲があって今日の日の入りと明日の日の出は見られそうもない。今日の宿は「旅館みさき荘」。

●**7月19日（土）曇・晴**　第16日目は襟裳岬〜大樹町の80km。

今朝も曇りで日の出は見られず、その代わりアザラシを望遠鏡で見ることができた。

8時過ぎの出発で、襟裳岬からはまたも向かい風で庶野までは我慢のライド。庶野を過ぎて黄金道路に入ったらトンネルの連続で風の影響を受けなくて快適に広尾まで来た。黄金道路

黄金道路

の終点手前でフンペの滝を見たり、道路脇の海岸で実習中の小学生と言葉を交わしたりして楽しかった。広尾では鉄道記念公園と広尾海洋博物館を見学した。広尾からは追い風に変わり快調に走ったが、豊似町で後輪ギア変速のワイヤーが切れてしまったがそのまま大樹町まで走って宿に到着。

　宿に荷物を置いて町の自転車屋に行ったが、ここでは修理不能と判明。明日走る予定の釧路まではアップダウンがあるということだったので、ここでリタイヤを決意した。今日の宿は「ホテル野口」。

●**7月20日（日）晴**　大樹町⇒帯広⇒釧路に移動。
　朝7時50分のバスで帯広に出た。
　帯広では緑ヶ丘公園の中の帯広百年記念館・北海道立帯広美術館を見学し、その他十勝監獄跡・400mベンチ等を見て回った。
　帯広駅12時半のJR根室本線で釧路に向かったが、なんと3時間半も掛かってしまい予定が大幅に狂ってしまった。
　それでも宿に荷物を置いて幣舞橋を渡って港文館・石川啄木像を見たり、街中の幸町公園でSL等を見たりした。
　夜は近くの炉端焼で旨かった。今日の宿は「旅館八芳園」。

●**7月21日（月）晴**　釧路空港⇒羽田空港⇒平塚で帰宅。

【今回の旅の総括】

1．旅行日程をOZの函館の日程に合わせて組んだため札幌から反時計回りになってしまったが、予想通り向かい風に悩まされた。やはりこの時期は南から北に向かって走るべきである。
2．今回は携帯電話を持参したが大いに効果があった。
3．大樹町でのリタイヤは、7月21日の飛行機の予約を早割でやったために変更が利かず、自転車の修理をする日にちを取れなかったのが原因である。即ち復路の航空券は株主優待券を使用して帰路日程が変更可能にしておくべきなのである。

※今回走れなかった大樹町・釧路間を補うために、平成23年にもう一度北海道に行くことになる。

第18章　北九州・山陰・山陽・紀伊半島

　今回は平成21年5月に、長崎から北九州と平成18年の東九州（第10章）でパスした国東半島を走り、関門国道トンネル人道を通って下関・山陰の長門経由で山陽に出て瀬戸内海を三原まで。更にJRで大阪に行き、紀伊半島を一周して四日市まで合計1,500kmを17日間で走った。この最後の紀伊半島一周はabcRIDEのメンバー7名と一緒に走った。これで細切れ日本一周が一応完了ということになる。なお、今回はこの年の3月にロードバイクに乗り換えて最初のRIDEとなる。

●**5月13日（水）晴**　第1日目は長崎空港〜平戸の100km。

アルバカーキ橋

　長崎空港で自転車を組み立てたが、輪行袋の中身がグズグズでもっとキチンと固定しないと駄目だ。組み立ては約1時間掛かったが、やり方を考えれば少し短縮できるかもしれない。長崎空港を出て大村湾沿いに北上し、ハウステンボスの入口前で昼食。ハウステンボスは数年前に一度来ているので今回はパス。佐世保ではアルバカーキ橋を渡って西海パール・シー・リゾートに行き、九十九島巡り遊覧船に乗ろうと思って乗り場に行ったら出航したばか

りで、次の船までだいぶ時間があるので諦めて佐世保をあとにした。今日の行程は予定より距離も長くてだいぶ狂ってしまったが、何とか5時半前には「平戸口YH」に到着できた。

　今日は1日中強い向かい風で参った。しかしこの自転車は前のに比べて軽いので助かっている。ただしウェストバッグの衣類は結構重い。このYHはなかなか良くて明日の朝敷地内を散歩してみる予定。今日の宿は「平戸口YH」。

●**5月14日（木）晴**　第2日目は平戸〜博多の130km。
　朝8時過ぎの出発で、まず松浦鉄道の平戸口駅に行った。数年前に来た時は、ここから列車に乗って伊万里に行った思い出の場所である。伊万里では駅前で写真を撮っただけで唐津に向かった。唐津では来年、平成22年4月に開校する早稲田佐賀中学校・高等学校の設立準備事務所を探したが分からず、学校の建物だけを見てきた。また、お土産に唐津焼のコーヒー茶碗と箸を2膳買って宅配便で家に送った。

　唐津から博多に向かっている途中で韓国の青年に会った。リヤカーにテントを積んで九州一周するということで、彼のバイタリティには敬服した。また博多市内に入ってからも「スカイコート」の場所が分からなくて参ったが何とか到着した。

　今日も1日中向かい風で参った。夜は博多の屋台に行こうと決めていたが、適当なのが見つからず近所の居酒屋にした。今日の宿は「博多ホテルスカイコートYH」。

●**5月15日（金）曇・晴**　第3日目は博多〜朽網の110km。
　朝起きたら少し気分が悪くてちょっと心配したが、それでも

何とか8時過ぎには出発した。

　今日は1日中道に迷っていた感じで無駄が多かった。まず福岡市内を出るのに495号線が分からない。何とか合流できたと思ったら今度は3号線との分岐点が分からない。結局少し遠回りして辿り着いたが、次はどこかの町中でまた見失ってしまった。何とか495号線に合流して若松に来て、そこから若戸大橋を渡ろうとしたら自転車は通行禁止。結局若戸大橋の下を渡船で渡って小倉へ。

　小倉では小倉城を見ただけ。小倉から朽網に抜ける10号線が分からずうろうろした挙句、交番で聞いて何とか朽網まで来た。朽網に着いてから今日の宿のYGHが分からず道路脇の人に尋ねたら、北九州空港道路沿いの20階建ての大きなホテルがそうだということでようやく着くことができた。私としてはYHというのはこぢんまりした建物という先入感があり、こんな大きなホテルがYHとは思ってもみなかった。今日の宿は「スカイホテル苅田YGH」。

　本日の教訓　1．**大都市内は詳細地図を用意しないと時間の無駄が多くなる。**

●**5月16日（土）曇**　第4日目は朽網⇒宇佐～黒津崎の60km。
　朝6時に起きて自転車を分解して出発に備えた。8時過ぎにタクシーで朽網駅に行き、早目の電車で中津乗り換えで宇佐に着いた。組み立てにはやはり小1時間を要したが11時前には出発できた。今回は早目の段取りでうまく行った。
　宇佐からは雨も心配したがほとんど影響がなくて良かった。

国東半島ではあまり見る物がなかったが、国東ふるさと展示館だけ見学した。

　今日もまた向かい風と山坂で参ったが、特に後半ではまともな向かい風で、おまけにサイクリング道路がいい加減で翻弄された。それでも4時過ぎには宿に到着した。やはり1日は100km以下が良さそう。今日の宿は「国東CT」。

●**5月17日（日）曇・雨・晴**　第5日目は黒津崎〜杵築⇒小倉〜下関の50km。

　朝起きたら晴れていてラッキーという感じだった。相変わらず風は強かったが雨が降る前に杵築駅に着いて、自転車を解体し終わったら雨が降り出して間一髪セーフだった。杵築から小倉までは中津乗り継ぎでうまく来られた。

　小倉からは海沿いの199号線を門司港まで走ったが、初めての追い風で順調に走れた。門司港では門司港駅の写真を撮り、門司港レトロ地区は一度来ているので素通りして関門国道トンネル人道を通って下関に出た。下関側出口からは今日の宿のYHは近くて、4時過ぎには到着した。今日も早目の対策が功を奏した。

　今日は休息を兼ねた移動日だったので予定通り進行した。YHは夕食なしで、しかも付近に食堂がなく、1kmぐらい歩いて食事をしてきたが、疲れているのに全くいやになってくる。今日の宿は「下関市火の山YH」。

●**5月18日（月）晴**　第6日目は下関〜秋吉町の120km。

　朝出発前にチェーン音の削除と思って調整ネジを少しいじっ

関門海峡

たが結局駄目で、結果的にはかえってギアの切り換えがスムーズでなくなった。何とか騙し騙し使っているがどこかで調整してもらおうかと思う。そもそも音が出るのはチェーンガイドにチェーンが触れるからで、その原因は調整不良ではなく輪行袋に前後車輪を重ねて入れる時に起きているものと思う。したがって手で元に戻さねばならないものと思う。

　出発は8時過ぎで、まず下関駅前で写真を撮り161号線を北上した。今日は割合と順調な走りで長門には2時頃着いたが、長門・仙崎は以前来たことがある（第3章）のでパス。長門から316号線を南下し於福から秋吉町に向かったが、於福から秋吉町の道でヒヤリ体験をした。この道は車も少なくのどかな感じだったのでスピード走行を楽しんでいたが、更に高速の軽トラックが追い越しざま数メートル先のY字路を猛スピードで左折したため、ブレーキを掛けたが危うく転倒するところだった。スピード走行時には後続車に十分注意する必要がある。

　秋吉町に着いてYHの場所を尋ねたら山の天辺で、勾配の急な坂を自転車を押して上り何とか4時過ぎに宿に到着した。それからウェストバッグはやはり駄目で大型バックの購入を検討する。今日の宿は「秋吉台YH」。

● 5月19日（火）晴　第7日目は秋吉町フリーデイ。

秋吉台

　今日はまず秋芳洞に行った。YHから少し坂道を上って秋吉台案内所からエレベーターで洞内に入った。洞内では黄金柱や傘づくし等沢山の鍾乳石の芸術品を見てなかなか楽しかった。観光センター側の出入口から一度外に出て、秋芳洞ふれあい広場の中の小さな店で大理石の表札を注文し目的の1つを達成した。

　次にそこから秋吉台に行こうと思ったが、一般道路だと昨日の坂道をまた上らなくてはならないので、秋芳洞に再入場料100円也を払って再入場し、エレベーターで最初の案内所に戻った。

　それから秋吉台に行って昼食を摂り、午後はまず秋吉台科学博物館に行って秋吉台の成り立ちを勉強した。その後秋吉台地を少し歩いたが、あまり変化がないので途中で引き返してバスで大正洞に行った。大正洞は規模の小さい鍾乳洞で通路も狭く特に珍しい物もなかった。この少し先に景清堂があるのだが、これはパスして宿に戻った。

　早目に宿に戻ったので洗濯をして、それから自転車のギア調整をしてみたら何とか元に戻ったようなので一安心。今日の宿も「秋吉台YH」。

●**5月20日(水)晴** 第8日目は秋吉町〜岩国の120km。

錦帯橋

8時前に出発できて、途中も順調で4時半にはYHに到着した。

大きな峠等もなく中程度の坂道はあったが、何とか乗り越えられた。その分下りは快調で50km前後で飛ばしたのが2、3回あって気分良かった。やはりこのGIANTは前の車に比べて車重が軽くタイヤも細くて抵抗が少ない分スピードが出ているように思うし、上り坂も少し楽なようである。したがって走行距離が稼げる分早目の到着となっているようだ。

今日は途中見るものがほとんどなくて防府天満宮もパス。徳山から下松の日立笠戸工場に行ってみようとも思ったが、時間の関係でパスした。

宿には4時半頃に着いたので、小休止の後錦帯橋見物に出掛けた。錦帯橋を十分見てから錦川の土手沿いの道を歩いて、石人形ミニ資料館や佐々木小次郎像等を見てきた。これらを見物しながら、家に連絡するために公衆電話を探したがどこにもなくて、同宿の女性に携帯電話を借りて家に電話した。この女性は1,000cc以上の大型バイクでツーリング中だった。女性ライダーは格好いい。今日の宿は「岩国YH」。

●5月21日（木）曇・雨　第9日目は岩国〜能美町の110km。

　朝、雨が降っていなくて薄日も射していてラッキーという感じだった。

　8時前に出発して宮島口までは順調に来た。宮島は一度来ているので、フェリー乗り場の前で写真を撮っただけ。宮島口から広島までは2号線のバイパスを通ったが、これが自動車専用道路で自転車は通行不可。バイパス入口では自転車の通行不可が分からなくてしばらく走ってから何かおかしいと気がつき、一般道に降りて広島に向かった。

　バイパスの自動車専用道路進入は日本各地を走っていて過去に数回経験している。サイクリングでは一般的にバイパスは使わないで旧道を行くのが鉄則である。

　広島では平和記念公園で2人の小父さんサイクリストに会ったが、お元気なのは良いが装備が不十分で考え方に甘さがあってちょっと心配。呉ではヤマトミュージアムを見たが、戦艦大和の1/10模型が圧巻だった。それから音戸大橋を渡って能美町に向かったが、途中で道を間違えて山越えの道に行ってしまった。おまけに夕方雨の予報をすっかり忘れていて宿の4〜5km手前で雨に降られてしまった。しかし今日の宿の「能美海上ロッジ」はなかなか良くて、ここまで来て良かった。

　夜、水野さん*に電話して紀伊半島一周は予定通りやることを確認した。今日の宿は「能美海上ロッジ」。

＊abcRIDEのメンバー。

●**5月22日（金）曇・晴**　第10日目は能美町〜三原の100km。

鉄のくじら館の潜水艦あきしお

朝8時に出発して小用9時のフェリーに乗る予定にしていたら、出だしで道を間違えてしまって結局9時50分のフェリーで呉に来た。

呉では「鉄のくじら館」（海上自衛隊呉史料館）をちょっと覗いてきたが、11時前には呉を出発して三原に向かった。途中多少坂道もあったがその分下りもあって快適に走れた。瀬戸内海の海岸沿いを走ったのだが、その割には景色を楽しむ余裕がなかった。

ホテルに着いて自転車の解体作業を始めたが、ペダルを外すスパナが開いてしまっていて機能せず、ホテルで万能スパナを借りて何とか解体できた。今日もまたメーターがリセットされてしまって今日のデーターが喪失してしまった。取り外す時にリセットボタンを触るのか、あるいはポケットの中で触ってしまうのか不明。今日の宿は「三原ステーションホテル」。

●**5月23日（土）晴**　第11日目は三原⇒羽衣〜久保さん*宅往復40km。

三原8時半の新幹線で新大阪まで。そこから地下鉄・南海電鉄と乗り継いだがいずれも乗り換え通路が長くて大変だった。ようやく羽衣駅に着いて浜寺公園まで歩いてそこで自転車を組

み立ててYHへ。

荷物を置いて久保さん宅に向かったがまた道を間違えて4時前にようやく到着した。3、40分話をして帰ってきたが、一輝君も大きくなって下のお子さんも1歳くらい、久保さん夫妻もお元気で前と変わりなかった。

久保さん一家と

YHに戻ったら水野さん**に会って、夜には河合さん**、更に遅く石川さん**と4人全員揃った。1時間ほど話をしたが夜も遅くなったので今日は終わりにして、明日から紀伊半島一周を一緒に走る。今日の宿は「大阪国際YH」。

＊万博いきいき自転車の旅2005（第9章）の時、日豪総勢45名がお世話になったご家庭。
＊＊abcRIDEのメンバー。

● **5月24日（日）晴** 第12日目（紀伊半島一周第1日目）は羽衣（堺）〜有田の90km。

早朝、浜寺公園を散歩したがなかなか良い所だ。朝食が遅かったので出発がその分遅れて9時前の出発となったがほとんど問題なし。

走り方としては私が先導して走ることにした。こちらは2号線と違って大型トラックはほとんど走っていないので安心して走れる。途中の和歌山城では写真を撮っただけ。紀三井寺では

紀三井寺

楼門（国指定重要文化財）から入って本堂（県指定重要文化財）・鐘楼（国指定重要文化財）と見て回ったが、極楽浄土というのがあって人間は色々考えるものだなあと思った。

宿泊先の国民宿舎湯浅城には5時頃着いてゆっくりできた。また、「稲むらの火」で有名な広川町は湯浅町の隣であるが今回はパス。

今日の走りで、2人以上の団体で走る時はマイペースというわけにはいかず、多少効率は悪くなるが、グループ行動としては仕方がないことを再認識した。

また、メーターを外す時に少し強く押さえるとデーターがリセットされてしまうことがあり、今日で2回目。いちいちメーターを外さずに1日の終わりまでそのままにしておくか、または何かうまい方法を考える必要がある。今日の宿は「国民宿舎湯浅城」。

●**5月25日（月）曇・晴** 第13日目（紀伊半島一周第2日目）は有田〜白浜の80km。

朝5時半に起きて散歩したが見るものがなくて30分ぐらいで切り上げてきた。

今日は余裕のライドで9時前の出発。まず道成寺に行って62段の階段を登り、仁王門（重要文化財）から入って、本堂（重要文化財）・鐘巻の跡・安珍塚等を見た。次に南部町の千梅楼

でご当地特産の梅干しの全てを見学した。南部町を出て白浜に向かったが、ここでもアップダウンが多くて参ったが、白浜に着いてからもアップダウンがあり最後まで悩まされた。

夕方早目に宿に到着したので、海岸に出たら砂の芸術展があったようで、作品の写真を撮った。今夕から秋子さん*が加わって6時前には到着。夕食と夕食後は5人で楽しかった。明日からは5人で走る。

今日は自転車の調子が悪くて前ギアの3枚目へのダウンが働かず苦労したが、明日出発前に調整する。今日の宿は「白浜民宿しらら」。

＊abcRIDEのメンバー。

●**5月26日（火）晴** 第14日目（紀伊半島一周第3日目）は白浜～新宮の130km。

8時過ぎに出発して、白浜の温泉街を通ってまず三段壁に行った。ここはちょっと立ち寄っただけですぐに串本に向かった。この辺の道路事情は良くなくて白浜半島内でもアップダウンがあり、42号線に出

本州最南端

てからも串本までアップダウンの連続で参った。串本の手前に「熊野古木灘県立自然公園日本童謡の国」というのがあって、まりと殿さま・鳩ぽっぽ・お花がわらった等の小さなモニュメ

ントがあって心が和んだ。
　串本から潮岬に行って潮岬灯台や潮岬観光タワーを見て、本州最南端の石碑の前で記念写真を撮り、本州最南端訪問証明書を貰ってきた。串本からは跨線橋のアップダウンくらいで割と走りやすかったが、今日の走行距離は距離の計算が間違っていたようで、実際は130kmで夕方6時半の到着。今日が一番厳しかったかもしれない。
　前ギアの調整についてはやはりやっておかないと駄目で、明日調整しておく。夜はホテルのレストランが休みで使えなくて、ホテル前の居酒屋に行って飲んで食べてきたが鯨の刺身が旨かった。今日の宿は「ステーションホテル新宮」。

● **5月27日（水）曇**　第15日目（紀伊半島一周第4日目）は新宮～紀伊長島の110km。
　朝食前に町の中を散歩して、阿須賀神社と丹鶴公園に行ってきた。
　8時過ぎの出発でまず獅子岩と鬼ヶ城へ。鬼ヶ城では広い岩場の千畳敷があったりして1時間ばかり過ごした。獅子岩にいる時に、熊野から尾鷲に行くのに国道42号線でなく海岸線で厳しくないかどうかを地元の人に聞いたら、それほど厳しくはないということで海岸線を行くことにした。しかし海岸線を行ってみたらアップダウンの連続で、国道42号線を行った方がはるかに楽だったのではないかと悔やまれた。また、紀伊松島でも民宿の場所を通り越してしまい30分以上もロスしてしまった。
　今日の反省としては、国道沿いの側道はアップダウンが激し

いものと分かっていたはずだが今回も活かされなかったこと。明日も同じような道路状況なのでどうするか、雨の予報でもあるし明日決定することにする。今日の宿は「民宿紀伊松島」。

●5月28日（木）雨　第16日目（紀伊半島一周第5日目）は紀伊長島〜穴川の80km。

　朝から雨。雨装備をして8時過ぎに出発。最初の道の駅で内陸の国道42号線を行くか海岸沿いを行くか聞いたところ、海岸沿いもそれほどアップダウンはないということで海岸沿いコースに決定。確かにアップダウンは4、5ヶ所あったが、勾配も緩く極端に急な所もあったが昨日に比べれば楽なコースだった。国道260号線を北上してきて磯部町で右折すべきところを、2、3人が左折して行方不明になってしまった。しばらく戻ってくるのを待っていたが、諦めて先に宿に向かった。早い時間に宿に着いて、迷子や買い出しの人を待って入室。

　夜は前日から連泊の人達が焼肉パーティーをやってくれて楽しかった。食事の後の2次会もビールを飲みながら楽しかった。今夕から尾石さん・星野さん・坂中さん*が合流。明日早朝、河合さん*が一足先に帰宅するため、明日は7人で走る。今日の宿は「伊勢志摩YH」。

＊abcRIDEのメンバー。

●5月29日（金）曇　第17日目（紀伊半島一周第6日目）は穴川〜四日市の120km。

　朝9時の出発。朝晴れていたので安心していたら途中から小

日本一周完走記念

雨があったりしてちょっと心配したが、夕方まで何とかもった。

坂中さんの先導でパールロードを走ってアップダウンで苦労したが、熊野〜尾鷲ほどではなかった。景色は太平洋側も英虞湾側もなかなか良かった。途中、各所に展望台があり、面白展望台からは的矢橋から的屋湾、鳥羽展望台からは伊勢湾を眺めてきれいだった。二見浦では夫婦岩の前で記念写真を撮ってから二見町の観光商店街に行き、山本さん*と小林さん*の出迎えを受けた。昼食後、二見町から山本さんを入れて8人のライドとなった（山本さんは車）。

二見町から最終目的地の四日市に向けて国道42号線を80km走ったが、追い風を受けて快調に飛ばして楽しかった。

四日市のホテル前ではabcRIDEメンバーの歓迎と、新聞社のインタビューを受けてちょっと照れた。インタビューでは普段思っていることを話しただけだが、これも生まれて初めての経験だった。

夜は私の日本一周達成の祝賀パーティーがあり、2次会は山本さんの部屋でまた1時間ばかり話をして楽しかった。

日本一周の達成感とかそういうものは特になくて、結果的にこうなったという感じである。最後に皆さんに感謝・感謝。今日の宿は「ホテルルートイン四日市」。

＊abcRIDEのメンバー。

●**5月30日（土）曇・晴**　四日市⇒平塚で帰宅。

● **日本一周を終えて** ●
　平成11年9月に大間〜秋田間を皮切りに細切れサイクリングを始めて、今回平成21年5月の北九州・山陰・山陽・紀伊半島一周を以て一応日本一周を達成したということにして、一区切りつけることにした。私の日本一周の範囲は、北海道・本州・四国・九州で沖縄・佐渡等の島嶼部は含んでいない。更にこの期間厳密にいうと、日没のためあるいは台風のために次の宿まで電車やバスを利用した区間がある。これは最初からつい最近まで、宿は全部事前予約の方式だったために起きたことである。
　そこでこの空白区間を埋めるために平成22年から補充ライドを行った。これを第19章に記載する。

第19章　補充ライド

(1) 東伊豆補充

　これは、平成22年4月に平塚の自宅～下田間130kmを1日で走った。何でこの時期かというといつでも行けると思って延び延びになってしまっていたが、伊豆高原の桜の満開に合わせて走ったということである。

●**4月6日（火）晴**　平塚～伊豆急下田⇒平塚の130km。

伊豆高原の桜並木

　朝7時半の出発で、小田原までの1号線は何度も走っているが、小田原から熱海に向かう135号線は自転車では初めて。熱海を過ぎるといきなり急な上り坂で、このあとも上りと下りが延々と続く。アップダウンは多少は覚悟していたが、これほどとは思っていなかった。伊東の道の駅「伊東マリンタウン」で昼食。伊豆高原の桜はきれいに咲いていて、桜のトンネルが良かった。午後は一部向かい風があって心配したが、山道が多いということもあってそれほど影響はなかった。伊豆急下田には4時50分に到着。下田からは伊豆急とJRで帰宅した。

(2) 東北・関東補充

　これは、平成22年10月に東北の鼠ヶ関～酒田間、宮古～釜石間及び関東の日立～銚子間を5日間で走ったものであるが、補充区間以外も走っているので走行距離は270km。

●**10月8日（金）晴**　第1日目は鼠ヶ関～酒田⇒秋田の50km。
　鼠ヶ関駅前で自転車を組み立て、1時過ぎに出発した。ほとんど平坦な道で割合と楽に走れた。由良温泉入口で道を間違えそうになったが危うくセーフ。庄内空港の所の112号線は松林で環境は良かったが、単調な走りで少し疲れた。酒田の街は平成13年の羽越旅行（第4章）で見ているので、今回はパス。酒田駅での梱包は時間が掛かってしまった。少し工夫が必要。まずはタイヤのビニール袋の穴を少し大きくすること。酒田駅では適当な時間の電車がなく結局秋田着が7時40分、ホテルチェックインが8時。今日は念願の目標を1つ達成した。明日・明後日の天気予報は雨なので明日は移動日とする。今日の宿は「ホテルα1」。

●**10月9日（土）曇**　第2日目は秋田⇒宮古の移動日。
　予定では盛岡～宮古を走ることにしていたが、雨の予報だったので電車で移動した。今日の宿は「YH末広館」。

●**10月10日（土）曇・晴**　第3日目は宮古～盛の100km。
　朝起きたら雨が上がっていて急遽自転車を組み立てて9時15分の遅い出発となってしまった。それでも釜石までは順調に来

JR釜石駅

て念願の目標をまた1つ達成した。釜石以降はおまけのライドだったが、集落間のアップダウンが激しくて参った。最後の三陸トンネルの上りは自転車を押して歩いた。

今日は見るものが何もなくてただ走っただけ。明日のライド（盛〜一関）は激しいアップダウンが想定されるため電車で移動する。今日の宿は「ホテル山口」。

●10月11日（日）晴　第4日目は盛（大船渡）⇒日立の移動日。

大船渡7時28分発の電車で日立着は4時10分。ホテルのチェックインをしてすぐに吉田正記念館に行った。今日の宿は「東横イン日立」。

●10月12日（月）曇　第5日目は日立〜銚子⇒自宅の110km。

8時の出発で直ちに日立製作所海岸工場に行って小平記念館を見学しようと思ったら、予約がないと駄目ということで諦めて、正門で写真を撮って走り始めた。時間的に余裕が出来たので銚子まで行くことにしたが、途中の夕立とパンクで時間的にロスしてしまい、結局銚子4時半の特急に乗れず6時半の特急になってしまった。

鹿島でのパンクは、鹿島サッカースタジアムに見惚れて走っていて車道区分の排他路線に入ってしまい、ガラスの破片等の

ごみに乗り上げて後輪がパンクしてしまったものである。車道以外を走る時は十分注意が必要ということ。

日立〜銚子を走って念願の目標をまた1つ達成した。

■宮古のYH末広館と大船渡のホテル山口は、平成23年3月11日の東日本大震災の津波で壊滅した。JR釜石駅も津波の被害を受けたが駅舎は残った。

(3) 山陰補充

これは、平成23年5月に島根県の浅利・出雲間がメインで、ついでに丹後半島一周と天橋立・京丹波を5日間で走った。走行距離は280km。

●**5月23日（月）曇・雨**　第1日目は米子空港〜境港⇒松江⇒江津の10km。

YCATでまたもや自転車の荷物で嫌味を言われた。今後は空港に事前配送が必要なのかもしれない。米子空港では曇りだったので自転車を組み立てて走り始めたら雨が降り始めたが、境港に何とか着いて何も走ら

水木しげるロード

ないという最悪の事態は免れた。境港では小雨の中、水木しげるロードを見て歩いたが、ゲゲゲの鬼太郎・ねずみ男・一反も

めん等のモニュメントが沢山あり、境港駅前には水木しげる像があってなかなか楽しかった。

　境港以降はバスと電車で移動した。バスが当初自転車で走る予定だった大根島を走ったので、島の様子を少し見ることができた。江津では観光案内所で宿を探してもらったが、駅周辺は全部満杯でバスで10分くらいの所を探してくれた。今日の宿は「BHパレス和光」。

●5月24日（火）晴　第2日目は江津〜浅利〜松江の120km。

　1日中向かい風で参った。それに最初に道を間違えて遠回りをしてしまったが、のどかな田園風景を楽しんだ。9号線に戻ってからも集落と集落の間は山で、北海道・東北ほどではないにしても結構きつかった。

　浅利〜出雲を走って今回の目標の1つを達成した。出雲大社からは宍道湖畔を走ったが、見る所もあまりなくて義務的に走った感じ。松江ではホテル東横インが満室で駄目で近くのBHに泊まった。自転車は駅周辺の駐輪場に預けた。

　今日のような坂道を含めた1日120kmはちょっときつくなってきた。今日の宿は「BHグリーンリッチホテル」。

●5月25日（水）晴　第3日目は松江⇒網野〜天橋立の60km。

　北近畿タンゴ鉄道のダイヤ改正で網野の出発が予定より30分以上遅れてしまって2時の出発。網野出発直後に道を間違えて10分ぐらいの損失をしてしまった。道中も予想外に山越えが多くて参ったが、おまけにパンクもあって苦しい日程となった。パンクの原因はチューブの修理不良かもしれないので宿で

調べてみる。夕方伊根町の民宿も考えたが、天橋立まであと10kmということで夕闇の中を走った。

　今日も向かい風で辛かったが、伊根町からのランは快調だった。YHでは夕食がなくて、夜遅く少し遠いスーパーへの買出しは大変だった。今日の宿は「天橋立YH」。

● 5月26日（木）曇　第4日目は天橋立〜京丹波の80km。

　朝出発前に昨日のパンク直しをしたため、出発は9時になってしまった。由良海岸で日本一周中の藤原英樹君に会った。下福井で昼食後出発しようと思ったらまたパンクで、朝予備チューブを直しておいて良かった。

天橋立知恩院

どうも道路事情が悪くてロードバイクでは無理なのかもしれない。そんなことで途中の見物は全部パス。今日も向かい風、毎日向かい風の感じで本当に参ってしまう。

　夕方5時、雨が降り始めてやっと丹波自然公園の事務所に着いて丹波公園宿舎に泊まろうと思ったら予約なしは駄目で、近くの素泊まり宿に泊まることになった。まあ旅は色々あって予定通りには行かないことが多い。今日の宿は「花江センター」。

● 5月27日（金）雨・曇　第5日目は京丹波〜園部⇒京都⇒平塚の10km。

　朝出発してすぐに小雨が降り出して途中2回ほど雨宿りをし

たが、何とか園部駅まで辿り着き、ここで今回のライドは終えることにした。

【今回の旅の総括】

まず山陰地方は道路事情が悪く、滑らかなアスファルト道路が少ない。少し大き目の粉砕石をアスファルトで固めた道路とかギザギザ入りの道路とかで、どれも雪道対策と思われるがロードバイクでは走りにくい。今回は280kmで2回もパンクしている。また、海沿いの道は市町村の間には短い坂がある。辺鄙（へんぴ）な所に行けば更に厳しくなる。

1日の走行距離も体力の衰えもあるので80km程度が適当と思われる。もうあまり頑張らない。今後は1日当たりの走行距離を抑えて自由時間を多く取るようにする。

（4） 東 北海道・青森補充

今回は、後期高齢者に参入記念として平成23年8月に北海道の標津〜羅臼〜知床峠間と釧路〜大樹町間、青森県の下北半島東側と大湊〜脇野沢間をメインとし、その前後の区間を入れて合計560kmを7日間で走った。

●8月1日（月）晴　第1日目は中標津空港〜標津の50km。

自宅を朝9時の出発で悠々旅行。中標津空港で親子3人の自転車家族に出会って話し込んだため、ちょっと時間を食ってしまった。

空港からの道を間違えて少し遠回りになってしまったが、何

とか標津に着いた。少し時間があったので野付半島のナラワラに行ったがちょっと幻想的な感じだった。
　旅館では他のお客さん1人と2人だけだったが良い感じ。今日は余裕ライドで久しぶりの北海道は楽しかった。今日の宿は「吉田旅館」。

> **本日の教訓** 1．空港で後輪スペーサーが外れていた。他人に委ねる時は少し強く締める必要がある。

● **8月2日（火）曇・晴**　第2日目は標津～ウトロ⇒斜里の80km。

午前中の標津～羅臼は予定通りでほとんどアップダウンもなくて順調に走れた。知床峠の上りは相当厳しくて17kmを2時間20分掛かってしまったが達成感はある。下りは最高のダウンヒルでちょっと物足りない感じも

知床峠

あったが、アッという間にウトロまで来てしまった。ウトロ～斜里は疲れを感じたのでバスで移動したが、もうあまり無理をしないことにした。
　夜は宿のそばの「居酒屋えん」で夜遅くまで飲んでマスターと話をして楽しかった。やはりご当地に来たらそれを楽しむのが原則。今日の宿は「ホテルダランティヤ」。

> 本日の教訓 1．工具使用後の確認をキチンと行うこと（ドライバー紛失：帰宅後、別の袋に入っていたのを発見）。

● 8月3日（水）晴　第3日目は斜里⇒塘路～白糠の70km。

釧路湿原細岡展望台

塘路で降りて駅前の観光案内所に行ってカヌーに乗ろうと思ったら、カヌーは10時00分出発でタッチの差でアウト。ここからは釧路湿原ライドの予定だったが、当該道路が工事中でこれも断念。せっかく来たのだから湿原を見ようと細岡展望台に行ったが、国道から7～8km離れていてしかも最後の約3kmは自転車が走れない瓦礫で苦労した。まあしかし行って良かった。

　釧路で土産物を買った後、白糠まで走った。霧状の雨に悩まされたが何とか到着。釧路・大樹町のリベンジの一部を今日やったということ。今日から後期高齢者。今日の宿は「ホテル洸洋」。

● 8月4日（木）晴　第4日目は白糠～大樹町の100km。

　昨日白糠まで来ておいて良かった。今朝は悠々8時半過ぎの出発で4時過ぎには大樹町に着いた。

　吉野までは大型車両に悩まされたが、吉野からは快適なライドだった。しかし途中アップダウンが沢山あって苦労した。全

体的に吉野からは道路状況も良く車も少なくて走りやすかった。4時過ぎには大樹町の「ホテル野口」に着いて、今回の最大の目標である釧路〜大樹町間の北海道リベンジを達成した。

　北海道はこれで終わり。明日からはオマケライドになる。今日の宿は「ホテル野口」。

●**8月5日（金）曇**　第5日目は大樹町〜帯広⇒苫小牧⇒八戸の60km。

　朝8時半の出発でまずはナウマン象記念館で30分ほど見学して、あとは幸福駅・大正駅・愛国駅を見ただけでそれ以外はパス。それでも帯広駅では自転車解体の時間が足りないくらいで、特急にようやく間に合った。

幸福駅

　苫小牧駅のサービスセンターでフェリーの乗船券を購入したが、2等寝台は満席でやむを得ず2等にしたが、今夜は眠れるかどうか分からないと不安になる。フェリーの自転車料金は2,000円、輪行袋に入れて手荷物にすれば無料。苫小牧出航は21時15分。今日は船中泊。

●**8月6日（土）晴**　第6日目は八戸〜大湊の150km。

　出航して間もなく少し涼しくなってきたのでウィンドブレーカーを着た。ズボンは元々安全のために長ズボンをはいている

尻屋崎灯台

が、しばらくすると更に寒くなってきたので雨具のゴアテックスの上着とオーバーズボンをはいて寒さを凌いだ。2等船室はエンジン音がうるさくて眠れなかったが、睡魔には勝てず、いつの間にか少し眠ったようである。船室内には貸毛布の案内が出ていて真夏に毛布など不要と思っていたが、その必要性が分かった。

　朝4時45分八戸到着。下船して自転車を組み立てて5時半の出発。朝の1時間は霧に悩まされテールライトを点けて走った。八戸から北上して、途中六ヶ所村に寄ろうかと思ったが、時間の関係でパス。

　下北半島北端の尻屋崎は平成20年のabcRIDEの青森ライドを見て、いつか行こうと思っていた所でそこそこ良かった。

　夕方の休憩時に大湊のねぶた情報を聞いて、今日の宿は大湊に決めた。結局今日は150kmを走ったが体力の限界を感じる。

　夜、ねぶた見物に行ったがなかなか見事で町内毎の踊り手も大勢いて良かった。フェリーでの寝不足は心配したほどではなかったが疲れた。今日の宿は大湊の「畑中旅館」。

●8月7日（日）晴　第7日目は大湊〜脇野沢⇒青森の50km。

　宿の出発が8時過ぎと少し遅れてしまったが、脇野沢までの道は必ずしも平坦ではなく、疲れが溜まっていて少しの坂でも参ってしまった。

　脇野沢のフェリーターミナルでは仏ヶ浦遊覧船にすぐに乗れてラッキーだった。2時間の遊覧の後、1時間後の青森行フェリーに乗船できてなかなかスムーズに進行した。青森駅前の案内所で宿を探したが、ねぶた開催期間中でどこも満室でアウト。しかしここで健康ランドを教えてもらい、今夜はここで仮眠することにした。夕方、海上ねぶたと花火を見にフェリー埠頭に行って観覧料2,500円を払って見物した。昨夜と今夜続けてラッキーで、大湊ねぶたと青森の海上ねぶたを見物できた。今日の宿は「青森健康ランド」。

本日の教訓 1．宿の情報はタクシー運転手に聞くと分かるらしい。

●8月8日（月）晴　第8日目は青森⇒平塚で帰宅。

【今回の旅の総括】

8/1　中標津空港〜標津の道を間違えてしまった。地図で充分確認すること。

8/2　知床峠の上り17kmで2時間10分を要した。距離・標高差を事前に確認すること。ウトロ〜斜里のバス利用は正解だった。

8/3　塘路のカヌーは出発時刻の事前調査が必要。当日夕の白

糠ライドは正解。

8/4 釧路（白糠）〜大樹町は今回の目的の一つ。これで北海道は全部繋がった。

8/5 帯広までの時間は思ったほどは掛からなかった。自転車梱包は1時間が必要。

夜間フェリーは初体験だったが、事前準備が必要。

8/6 早朝の出発で時間は充分あったが、山坂の多いコースでは体力がもたない。

8/7 大湊〜脇野沢を走って、これで下北半島は完結したことにする。

◎今回の旅を以て日本一周を一応完結したことにする。

日本一周編 あとがき

　旅行は3回楽しめると言われている。1回目は旅行の企画立案である。まず行き先を決めて、私の場合はJTBの『るるぶ』・『ひとり歩きの＊＊＊＊』や昭文社の地方別白地図（エリアマップ）を基にして計画を立てる。時期的には暑くもなく寒くもなく、そして日の長い5月中旬から下旬が最も多い。ただし北海道は7・8月とした。1日の走行距離は100km前後として行程表を作り、道中立ち寄る観光地や名所旧跡等を調べてこれに記入しておく。宿は値段と相談しながら2、3候補を挙げておいて出発の1週間前ぐらいに予約する。サイクリングを始めた当初は厚生年金会館や国民宿舎を利用したが、愛知万博ライドの頃からはユースホステルを多用するようになった。

　楽しみの2回目は旅行の実施そのものである。見ず知らずの土地を自転車で走ることの楽しみ、そして予め調べておいた観光地や名所旧跡を訪ねるが、時には旅行案内にはなかったものもあったり、また行く先々で色々な人との出会いがあったりして旅は本当に楽しい。しかし実際には楽しさだけではなく、風雨にさらされたり上り坂に悩まされたりして苦しいこともあるが、これらも終わった後では懐かしい想い出として残っている。

　楽しみの3回目は帰宅後に行う旅行の整理である。旅行の日時・天候・目的地・走行距離・行程・コメントをA4用紙1枚に纏めた「サイクリング記録」を作成し、昭文社の地方別白地図と国際地学協会の日本白地図に赤のサインペンで走った航跡を記入する。自転車の2台目からは、「サイクリング記録」に1

日の走行時間・平均速度・最高速度が加わって楽しさが倍加した。また、旅行中に撮った写真を整理してアルバムを作成する。これら一連の作業は旅行を思い出しながら作成するので一段と楽しい。

　本書はこの「サイクリング記録」をベースにして、日記帳や写真アルバムからその日の走行を思い出しながら書いたものである。平成11年に走り始めてから14年経つが、日本各地を走った状況は意外によく憶えていて、一部不明なところや一部記憶に残っていないところは旅行計画時に使用したJTBの『るるぶ』・『ひとり歩きの＊＊＊＊』や地方別白地図で検証しながら纏めた。

　日本一周終了後は、テレビ等で日本各地の旅行番組や現地のルポルタージュの放送で出てくる地名の半分以上は思い当たるところがあって、懐かしさがこみあげてくる。平成23年3月11日の東日本大震災関連では、平成12年の三陸海岸旅行で立ち寄った陸前高田市の高田松原（この時は一本松のことは知らなかった）・女川の民宿丸正旅館、平成22年の東北・関東補充旅行で立ち寄った宮古のYH末広館・盛（ほとんど大船渡寄り）のホテル山口、これらが津波で皆流されてしまったが、私の心の中には想い出として残っている。

　また、日本各地を走っていて楽しいのは色々な人と話ができることである。自転車仲間であれば情報交換をするし、観光地であればそこに来た人と言葉を交わすし、休憩所のような所ではその土地の情報を教えてもらい、宿の同宿者とは旅行の目的

や行先を語り合い、宿の傍の居酒屋に行けば地元の人と酒を飲みながら更に盛り上がって楽しい時間を過ごすことができる。更に、旅の想い出として宿泊した宿の夕食で必ずご当地の銘酒を所望しこれを日記に付けてきた。

　最後に、14年間の長きにわたり長い時は3週間、普通で10日〜2週間の旅行を年2、3回続けてきたわけであるが、そのつど快く送り出してくれた妻要子に感謝の意を表する。

付：日本一周の行程

〔凡例〕⇒：公共交通機関利用
　　　　A～(B)～C：A地点からB地点を経由してC地点まで。
　　　　　10　　　　走行距離はkm。

章	期日	地区	走行区間	走行経路
1	H11.9.27 ～9.30 4日間	東北	大間～秋田 430km	大間～野辺地⇒青森～(龍飛)～小泊～ 　　　105　　　　　　　115　　　107 へなし(黄金崎不老不死温泉)～秋田 　　　　　　　　　　　　　　107
2	H12.10.10 ～10.15 6日間	三陸	青森～塩竈 590km	青森空港～八戸～黒崎～(北山崎)～宮 　　　　　130　　110　　　74 古⇒釜石～気仙沼～女川～(松島)～塩 　　　107　　93　　　78 竈
3	H13.5.14 ～5.20 7日間	山陰	宇部～敦賀 740km	宇部空港～仙崎～(萩)～益田～浅利⇒ 　　　　　77　　98　　　78 出雲～(出雲大社)～東郷町～(鳥取砂 　　　　　　　　　157 丘)(余部鉄橋)～竹野町～宮津(天橋 　115　　　　　　　　　82 立)～敦賀(東尋坊) 　　129
4	H13.10.2 ～10.6 5日間	羽越	新井～秋田 420km	新井～柏崎～(出雲崎)～新潟～鼠ヶ関 　　　59　　　108　　　　122 ⇒酒田～吹浦～(象潟)～秋田 　　32　　　　103
5	H14.7.18 ～7.22 5日間	北海道	釧路～稚内 420km	釧路空港～(釧路湿原)(幣舞橋)～浜中 　　　　　　　113 町～根室(納沙布岬)⇒厚床～標津⇒羅 　　92　　　　　　　　　64 臼⇒(知床峠)～斜里⇒網走～計呂地⇒ 　　　　　　　61　　　　88 紋別⇒浜頓別⇒稚内(宗谷岬)
6	H15.3.31 ～4.1 2日間	西伊豆	下田～熱海 170km	平塚(自宅)⇒下田～(石廊崎)(松崎)～ 　　　　　　　　　　　　78 土肥～(戸田)(熱函峠)～熱海⇒平塚 　　　　　　88 (自宅)

160

付：日本一周の行程

章	期日	地区	走行区間	走行経路
7	H15.5.16 〜5.21 6日間	能登半島	小松〜金沢 550km	小松空港〜（加賀温泉）〜小松市内〜 　　　　　　　　60 （千里浜）〜羽咋〜輪島〜（白米千枚 110　　　96 田）（禄剛崎灯台）〜宇出津〜和倉温泉 111　　　　　　　　　　70 〜（砺波）〜金沢（兼六園）（金沢城趾公 　117 園）
8	H16.7.25 〜7.31 7日間	北海道	札幌〜網走 730km	札幌(大通公園)(S.ビール博物館)〜(雄 　　　　30　　　　　　　　110 冬岬)〜増毛〜遠別町〜(ノシャップ岬)〜 　　　120　　　100 稚内〜（宗谷岬）〜浜頓別〜紋別〜 　　　100　　　　140 （ワッカ原生花園）〜網走(摩周湖) 　　130
9	H17.5.8 〜5.24 17日間	万博 RIDE	名古屋〜広島 1,020km	万博会場〜四日市〜（安楽峠）〜大津〜 　　　　36　　58　　　105　　　40 京都〜丹波〜宇多野〜（嵐山）〜奈良〜 　　66　62　　55 （法隆寺）（橿原神宮）〜明日香〜堺（久 　　　41　　　　　　　22 保宅）（しまのサイクルセンター）〜 （大阪万博会場跡）〜神戸（神戸港） 　　　　74　　　　　　　　12 （明石大橋）〜姫路〜（姫路城）〜書写山 　　79　　　　　16 〜倉敷〜尾道〜（しまなみ海道）〜今治 103　71　　　　72 〜広島(平和公園・原爆ドーム)(宮島) 79　　　　　　　　　69
	H17.5.26 〜5.27 2日間	東海道	大府〜平塚 310km	大府(石川宅)〜静岡〜平塚(自宅) 　　　　　180　　130
10	H18.3.27 〜4.4 9日間	九州	鹿児島〜宇部 800km	鹿児島空港〜桜島〜（神川大橋）〜内之 　　　　61　　　　115 浦〜都井岬〜（鵜戸神宮）(堀切峠）〜宮 　76　　　　　95 崎〜延岡〜臼杵〜（別府）〜宇佐〜 　98　105　109 (福澤記念館)〜下関〜宇部空港 　　97　　　　47

章	期日	地区	走行区間	走行経路
11	H18.7.6〜7.24 19日間	北海道	旭川〜札幌 1,410km	旭川(旭川動物園)〜風連町〜(堀内峠)〜雄武〜(紋別)〜常呂〜(斜里)〜知床(知床五湖)〜屈斜路〜(美幌峠)〜おんねゆ温泉〜(石北峠)〜層雲峡〜旭川〜(美瑛)〜富良野(ファーム富田)〜留萌〜天塩〜稚内(稚内公園)(開基百年記念塔)⇒利尻島⇒礼文島(日食観測記念碑)⇒稚内⇒札幌(小樽運河) (区間距離: 81, 75, 142, 124, 19, 110, 45, 107, 63, 90, 58, 46, 116, 116, 77, 15, 65, 40, 19)
12	H18.9.9〜9.10 2日間	知多半島	大府〜大府 110km	大府〜片名漁港⇒日間賀島⇒片名漁港〜(常滑)〜大府 (55, 63)
13	H18.10.19〜10.23 5日間	九州	雲仙〜鹿児島 550km	雲仙〜(島原)⇒(熊本)〜人吉〜(湯の前)(一房ダム)〜水俣〜(出水)〜吹上浜〜(枕崎)(指宿)〜鹿児島〜鹿児島空港 (119, 142, 105, 136, 50)
14	H19.5.8〜5.18 11日間	四国	松山〜尾道 1,170km	松山空港〜大洲〜御荘町〜足摺岬〜窪川〜(桂浜)〜高知〜(室戸岬)〜宍喰町〜徳島〜多度津〜(観音寺)〜今治〜(しまなみ海道)〜生口島〜(尾道)〜広島空港口 (90, 96, 96, 105, 99, 133, 140, 152, 131, 55, 68)
15	H19.10.21〜10.29 9日間	東北常磐道	秋田〜平塚 780km	秋田〜湯田町〜(錦秋湖)(北上)〜平泉(毛越寺)〜仙台〜(松川浦)〜浪江〜日立⇒銚子〜(九十九里浜)(月の砂漠記念館)〜鴨川〜(金谷)⇒(久里浜)〜平塚 (106, 83, 107, 117, 129, 128, 105)

付：日本一周の行程

章	期日	地区	走行区間	走行経路
16	H.20.5.13 〜5.19 7日間	北陸 信越	敦賀〜高崎 660km	敦賀〜三国町〜(東尋坊)(卯辰山)〜金 　　　　91　　　　　97 沢〜(魚津埋没林博物館)〜泊〜(親不 　　　　125 知)(子不知)〜高田〜(野尻湖)〜小布 　93　　　　　　73 施〜小諸〜(軽井沢)(高崎)〜新町 　　94　　　　　83
17	H.20.7.4 〜7.19 16日間	北海道	札幌〜釧路 1,400km	千歳空港〜(芸術の森)〜札幌〜(ニッ 　　　　71 カウヰスキー余市工場)〜余別〜(神威 　　110　　　　　　　　　　94 岬)〜ニセコ〜島牧〜宮野〜江良〜(松 　　　90　　78　　100 前)(青函トンネル記念館)〜函館(大 　　　　115 沼)(五稜郭)〜(啄木小公園)〜大沼〜 　　81　　　　　111　　　　　92 今金〜(洞爺湖)〜昭和新山〜(白老ポ 　　　80 ロトコタン)〜苫小牧〜新冠〜襟裳岬 　　110　　　　89　　　105 〜(黄金道路)〜大樹町⇒帯広⇒釧路 　　77
18	H.21.5.13 〜5.29 17日間	北九州 中国 紀伊半島	長崎〜四日市 1,500km	長崎空港〜(九十九島)〜平戸〜(唐津) 　　　　95　　　　　　127 〜博多〜(小倉)〜朽網⇒宇佐〜(国 　　　113 東半島)〜黒津崎〜(杵築)⇒(小倉)〜 　58　　　　　　　　46 下関〜秋吉町(秋吉台)〜(錦帯橋)〜岩 　118　　　　　　　　　121 国〜(呉)〜能美町〜三原⇒新大阪⇒堺 　　　112 (久保宅)〜(和歌山)〜有田〜(道成寺) 　39　　　93　　　　81 〜白浜〜(潮岬)〜新宮〜(尾鷲)〜紀伊 　　　129　　　　　111 長島〜穴川〜(二見浦)〜四日市 　77　　　122
19 -1	H.22.4.6 1日間	東伊豆 補充	平塚〜下田 125km	平塚〜早川〜熱海〜伊東〜伊豆高原〜 　　26　　22　　19　　14　　28 河津〜下田 　16

163

章	期日	地区	走行区間	走行経路
19-2	H22.10.8〜10.12 5日間	東北関東補充	鼠ヶ関〜銚子 270km	鼠ヶ関〜由良温泉〜酒田⇒秋田⇒宮古 26　　　　　28 〜大沢〜釜石〜盛⇒日立〜那珂湊〜鉾 23　34　43　　30　　20 田〜鹿島〜銚子 28　35
19-3	H23.5.23〜5.27 5日間	山陰補充	米子〜園部 280km	米子空港〜境港⇒松江⇒江津〜浅利〜 　　　　8　　　　　8　　18 仁摩町〜大田〜多岐〜出雲大社〜松江 11　25　16　40 ⇒網野〜丹後町〜天橋立〜丹後由良〜 14　　44　　16　　14 下福井〜綾部〜和知〜京丹波〜園部 22　13　17　13
19-4	H.23.8.1〜8.7 7日間	北海道青森補充	標津〜脇野沢 560km	中標津空港〜標津〜ナラワラ〜標津 27　　11　　12　46 羅臼〜知床峠〜ウトロ⇒斜里⇒塘路〜 17　19　　　　　　　15 細岡展望台〜釧路〜白糠〜音別〜浦幌 25　30　14　26 〜大樹町〜ナウマン象記念館〜幸福駅 61　8　　　　　　28 〜愛国駅〜帯広⇒苫小牧⇒八戸〜六川 13　11　　　　　　　27 目〜出戸〜白糠〜下田代〜尻屋崎〜大 34　19　12　26　33 湊〜川内〜脇野沢⇒青森〜健康ランド 20　17　　11
	走行距離合計		15,000km	

付：日本一周の行程地図

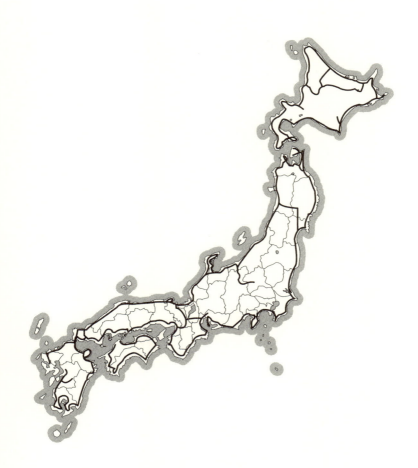

オーストラリア・ライド編

ジャクソンさんの著書

オーストラリア・ライドのそもそもの切っ掛けは、スタン・ジャクソン著、永松三千生訳『88歳、8万キロを目指して 自転車親善にかけた夢』（2002年6月 清流出版）を読んだことに始まる。この本にはジャクソンさんの人生観・自転車に対する思い入れ・世界各地の自転車の旅等のほかに、「第2回調和の旅2002 高齢者自転車による調和の旅（abc RIDE）」でオーストラリアの中高年サイクリンググループと日本の中高年サイクリンググループによる京都〜東京〜名古屋（900km）の旅等が載っている。

その頃私は定年退職後の健康増進を兼ねた趣味としてサイクリングをやっていたが、家族には自転車に対する理解がなく私を見る眼は冷たかった。しかしこの本を読んで家族を説得してからは自転車に対する理解が得られ、日本各地の輪行に対しても快く送り出してくれるようになった。

これに先立つ平成11年（1999）に第1回青森〜秋田ライドを実施し、平成12年には第2回三陸海岸、平成13年には第3回山陰を走ったが、この頃から日本一周を意識するようになった。

上記本の最後にジャクソンさんの今後の予定が書いてあって、2003年9月〜11月（90歳）に「第3回調和の旅 ヨーロッパ3000キロ」と記載されていた。これを見て私も参加させてもらいたいと思い、翻訳者の永松三千生さん宛に参加させてもら

えるかどうか問い合せの手紙を書いた。しばらくして永松さんから、日本のサイクリンググループの会長である呉山広次郎氏に問い合わせ中との返事を貰った。更にもうしばらくして永松さんから、「中東情勢が不安定のため第3回調和の旅は中止するが、グループとしてではなく個人としてオーストラリアに来ないか」との誘いが呉山会長宛に来ているとの連絡を貰った。それではこのオーストラリア行きに参加させてもらえるかどうか呉山会長に問い合わせてもらったところOKの返事があったということで、2003年8月（平成15年）に呉山さんを訪問し、晴れてオーストラリア行きの承諾を頂いた。

その後、2005年（平成17年）の「万博いきいき自転車の旅2005」（本書第9章）の時に、日本の中高年サイクリンググループabcRIDEに入会した。

オーストラリアの中高年サイクリンググループとabcRIDEは下記のように相互交流を続けている。

◆筆者が関わった親善ライドの一部

2005年（平成17年）　万博いきいき自転車の旅2005（本書第9章）

2006年（平成18年）　日豪・中高年自転車の旅in北海道2006（本書第11章）

2007年（平成19年）　Friendship Ride in Perth 2007（本書オーストラリア編第2章）

2008年（平成20年）　青森ライド（一部参加　本書第17章）

2009年（平成21年）　Rail trail ride in Victoria 2009（本書オーストラリア編第3章）

2010年（平成22年）　北海道ライド2010（不参加）

第1章 Newcastle

　今回は、オーストラリアの中高年サイクリンググループからの招待で、呉山さん・麻生さん・河合さん・平野さん・私の5人が、2003年（平成15年）9月16日～10月6日の21日間にわたってグループメンバー宅にホームステイしてニューキャッスル近辺を見て回ったものである。

●9月16日（火）晴　第1日目は平塚自宅⇒名古屋空港⇒ケアンズ。

名古屋空港で

　午後1時前に家を出て、5時頃名古屋空港に到着。待合室で皆さんに挨拶して手荷物検査。検査でパンク修理用スプレーが引っ掛かり即廃棄。海外ライドは今回が初めてなので、キャリーの取り外し・ツーリングバッグの除外等色々気を遣ったが、あまり問題はなさそう。

　名古屋空港19時55分出発　オーストラリア航空（AO）7950便

ケアンズ空港4時到着　6時出発
シドニィ空港9時到着

●9月17日（水）晴　第2日目はケアンズ⇒シドニィ。
　ケアンズ経由シドニィ空港に9時到着。ジャクソンさんとキースさんが出迎えてくれた。空港から車で2時間ニューキャッスルに着いて、呉山さんと麻生さんはキースさん宅に、河合さんと平野さんと私はテリーさん宅に分宿。夕方自転車の組み立てを始めたが、平野さんの自転車がトラブッてだいぶ時間を食ってしまった。夜はテリーさんとトリシアさんと我々の5人で夕食で楽しかった。今日の宿はテリーさん宅にホームステイ。

●9月18日（木）晴　第3日目はテリーさん宅～ノビーズ ヘッドの往復40km。
　午前中にサイクリングに出掛け、ニューキャッスル近辺のノビーズ ヘッドの海岸まで行ってきた。自転車専用道路がよく整備されていて羨ましい限り。いわゆる名所・旧跡はなくて閑静な住宅地域を走った。夜はクラブ マッコウリィでディナーの招待を受けたがなかなか良かった。今日の宿もテリーさん宅。

●9月19日（金）晴　第4日目は近郊ドライブ。
　午前中は近所の海岸をドライブして、ディクソン公園や海岸線を楽しんだ。昼食は同じく近所の小動物園内でバーベキューをやったが、設備が整っていて羨ましい限り。
　カンガルーの肉を初めて食べたが結構旨かった。食後は動物

園内のカンガルー・エミュー・インコ類・コアラ等を見たが、初めてオーストラリアの動物達にお目にかかった。夜はテリーさんの3人の子供さんも来てくれて楽しかった。今日の宿もテリーさん宅。

●**9月20日（土）晴**　第5日目はニューキャッスル⇒キャンベラ移動。

出発準備

　朝5時起きで6時半出発。レイク マッコウリィ湖畔に集合して車でキャンベラに向かい3時頃到着。約400kmのドライブだったと思う。キャンベラではキャンベラ サウス モーターパークのコテージに泊まって6日間を過ごすことになる。安くてなかなか便利な施設である。夜は全員が一室に集まって会食し楽しかった。今日の宿はキャンベラ サウス モーターパーク。

●**9月21日（日）雨・晴**　第6日目はキャンベラ サイクリング第1日目で近郊を40km。

　今日はキャンベラの中心街を走ったが、出発直後から雨が降り出して2時間ほどの間寒くて参った。その後雨も上がって青

オーストラリア・ライド編

オーストラリアン ナショナル ボタニック公園

空も出てきて、午後はいつもの晴天。まずナショナル キャピタルス コモンウェルス公園に行き、それからオーストラリアン ナショナル ボタニック公園に行ったが、花が一杯だったし湖もあってとても良い所。いわゆる名所・旧跡ではないがなかなか良かった。今日の宿もキャンベラ サウス モーターパーク。

●9月22日（月）晴　第7日目はキャンベラ サイクリング第2日目で山火事跡の55km。

今日は近郊の山ストロムロ イクスポラトリィに登ってきた。昨年12月の山火事で山頂周辺は木立が全て焼けていて、天文台とプラネタリウムの建物も焼失していた。山火事の規模の大きさはこの国の規模の大きさゆえと思うが、何とも壮大な感じであった。下りのライディングは壮快そのもので、7kmのダウンヒルで最高の気分だった。今日の宿もキャンベラ サウス モーターパーク。

●9月23日（火）晴・雨　第8日目はキャンベラ サイクリング第3日目で街の中心部を40km。

今日は街の中心部で、まずテルストラ タワーに行ったがタ

ジャクソンさんと

ワーが小山の頂上にあるため、3km余りの登り坂がきつかった。タワーからの眺めは最高でキャンベラの街が全部見渡せ、湖と合わせて綺麗な景色だった。下りは昨日に続くダウンヒルでサイクリングの醍醐味を味わった。タワーのほかに、オーストラリアン ナショナル ボタニック公園やスポーツ会館（Australian Institute of Sports）を見学した。夜はジャクソンさんにも会えて「88歳 8万キロ」の本の表紙カバーにサインを貰った。これで目的の一つを達成した。

今日の宿もキャンベラ サウス モーターパーク。

● 9月24日（水）晴　第9日目はキャンベラ サイクリング第4日目で街の中心部を40km。

今日は造幣局（Royal Australian Mint）と戦争記念館（Australian War Memorial）に行ってきた。ゆうべの雨で天気が心配されたが朝から晴天でまずまず。途中日本大使館（Japan Embassy）に立ち寄って正門の外で女性職員と話をし写真を撮ってきた。戦争記念館ではまず日本軍との戦いの記念館に案内されたが気分は良くなかった。戦争にはとにかく良いものは

何もない。記念館の規模の大きさには圧倒された。
　今日の宿もキャンベラ　サウス　モーターパーク。

● **9月25日（木）晴**　第10日目はキャンベラ サイクリング第5日目で街の中心部を50km。

　今日は自転車館（Bicycle Museum）と国会議事堂（Parliament House）を見てきた。自転車館では色々な自転車とギャンブルが同居していてちょっとびっくり。帰路に皆と別れて旧議事堂と現議事堂を見て感激した。今回の5日間のキャンベラは素晴らしかった。多分一生忘れないと思う。

自転車館

　今日の宿もキャンベラ　サウス　モーターパーク。

● **9月26日（金）晴**　第11日目はキャンベラ⇒ニューキャッスル移動。

　朝8時過ぎの出発で2時過ぎの到着。再びテリーさんの家にお世話になっているが、我々としては非常に気分が良い。今日の宿はまたテリーさん宅にホームステイ。

● **9月27日（土）晴**　第12日目はニューキャッスル近郊ドライブ。

　午前中はテリーさんの車で海岸線をドライブし、彼の友達の家でお茶を2時間ぐらい。午後のフィッシングは強風のため中

止。夜テリーさんの仲間のパーティーに出掛けたが、パーティーの様子が分からず他人のワインを無断で飲んでしまって恥をかいたが、すぐに購入してお詫びしたが許してもらえたようである。このような経験は多分二度とできないと思う。今日の宿もテリーさん宅。

●**9月28日（日）晴** 第13日目はニューキャッスル近郊遊覧。

ロードレースのフィニッシュ

今日はマッコウリィ湖畔へ行って、シドニィ〜マッコウリィ間ロードレースのフィニッシュを見てきた。湖畔はお祭り騒ぎでそれはそれで楽しかったし、弁当を食べて帰ってきた。夜は河合さんの日本料理で最後の夕食会。トリシアさんも来てくれて名残惜しかったが楽しかった。テリーさんには大変お世話になった。良い想い出となる。今日の宿もテリーさん宅。

●**9月29日** （月）晴 第14日目はニューキャッスル⇒コッフスハーバー移動、約400km。

朝7時半の出発でコッフスハーバーには3時頃の到着。ブリスベンまでの中間地点でオートキャンプ場で2泊するらしい。夕方、サップファイア海岸に出てみたら綺麗な砂浜で、明日は日の出を見てみたい。

オーストラリア・ライド編

今日の宿はコッフスハーバー・オートキャンプ場。

●**9月30日（火）晴** 第15日目はコッフスハーバー近郊遊覧。

午前中にコッフスハーバーのムットンバードアイランドを見てきた。ここでもオーストラリアの国の大きさを実感した。続いてのバナナビーチは楽しい施設で見て歩いて楽しかった。

ムットンバードアイランド

ランチはアランさんの友人宅ということで行ったが、その邸宅の規模の大きさに度肝を抜かれた。まず敷地の入口に大きな石の標識があり、そこから入って車で2〜3分してようやく邸宅に着いた。早速敷地内を見せてもらったが、大きな池と広い牧場があり5〜6頭の牛が草を食べていた。大勢で楽しいランチの後更に案内してもらったら下り斜面の滑走路があって、坂の上の格納庫には軽飛行機が3機あった。これらを見せてもらって、日本のいわゆる大富豪とは規模が2桁ぐらい違う感じがするし、それをおくびにも出さない人間性の豊かさを感じた。また邸宅内のテニスコートで久しぶりにテニスをやって楽しかった。

今日の宿もコッフスハーバー・オートキャンプ場。

●**10月1日（水）雨** 第16日目はコッフスハーバー⇒ゴールドコースト移動、約300km。

8時の出発で、途中2ヶ所の見物も含めて午後2時半頃に

ゴールドコースト到着。アランさん宅と息子のクレイグさん宅に分宿し、我々3人はクレイグさん宅にお世話になることになった。クレイグさん宅ではバスタブがあって、久し振りに湯船に浸かって気持ち良かった。夕食はアランさん宅でご馳走になったが、アランさん宅の豪華さにも驚かされた。今日の宿はクレイグさん宅。

● **10月2日（木）曇・雨・晴** 第17日目はゴールドコーストサイクリングで35km。

今日のサイクリングは途中から大雨に降られてびしょ濡れ。朝方、空が少し明るかったので一度出した雨具を全部置いてきてひどい目に遭った。行先はサーファーズ パラダイスとネラング ヘッド。

キースさんが明日ニューキャッスルに帰るということで、今夜はアランさん宅で夕食会。キースさんには大変お世話になり感謝している。今日の宿もクレイグさん宅。

● **10月3日（金）晴** 第18日目はワイルドライフ見物。

河合さんが行方不明のまま10時頃出掛けた。ワイルドライフは動物園で結構楽しかった。コアラ・カンガルー等を直接触ったし、また園内一周列車にも乗って楽しかった。夜はアランさん宅でご馳走になり、3夜連続のディナー。感謝。今日の宿もクレイグさん宅。

オーストラリア・ライド編

サーファーズ パラダイス

●**10月4日(土)晴・雨**　第19日目はサーファーズ パラダイスで買物。

　アランさんの案内でサーファーズ パラダイスで買物。買物で最大のお目当てはオパール。予算を100%オーバーしてしまったが、ネックレスを3個購入した。そのほかスプーンと野菜の皮むき、それに孫のTシャツ。夜はアランさん宅で最後の夕食会。アランさんには感謝。

　今日の宿もクレイグさん宅。

●**10月5日(日)晴**　第20日目はゴールドコースト⇒ブリスベン移動。

　午前中にアランさん宅で自転車の荷造りをして、1時間くらいで終わったがとにかく暑かった。昼食は中華食堂でアランさん夫妻とクレイグさんペア、それに我々5人の合計9人で最後の昼食会。昼食後ブリスベンに移動。ブリスベンでは夕食前の約1時間、水上バスでブリスベン観光をした。これで全行程を終えて明日は帰国。今日の宿はモテルアスコット。

●**10月6日(月)晴** 第21日目はブリスベン⇒ケアンズ⇒名古屋で帰国、名古屋⇒平塚。

朝4時起きで出発準備。タクシーが遅くて少し気をもんだが何とか間に合った。

　ブリスベン空港7時10分発　カンタス航空788便
　ケアンズ空港11時45分発　オーストラリア航空7959便
　名古屋空港18時50分着

名古屋到着は予定より1時間遅れ。ラリーさんが迎えに出てくれていた。

総括としては、今回の旅は大成功だった。今回の旅行はとにかくラッキーだったことは間違いない。オーストラリアの皆さんと呉山さんはじめ皆さんに感謝。

オーストラリア・ライド編

第2章　Friendship Ride in Perth 2007

　平成19年（2007）8月30日〜9月20日の22日間、パースを起点にして南西部の都市アルバニーに移動し、そこから海岸線を北上してパースまで870kmを走った。

●**8月29日（水）曇・雨**　平塚自宅⇒山本さん宅に移動。
　1時半に家を出て、山本さん宅に9時半頃到着。本日は山本さん宅に泊めていただく。

●**8月30日（木）曇**　第1日目は名古屋中部国際空港⇒パース移動。
　中部国際空港8時集合。参加者8名全員が揃った。

　中部国際空港10時10分出発　シンガポール航空SQ671便・ボーイング777型機
　シンガポール国際空港15時55分到着
　18時50分出発　シンガポール航空SQ215便・ボーイング777型機
　パース国際空港23時50分（日本時間0時50分）到着

　本日の宿はヴィラ ゴングで1時半の到着。それから部屋割りをして就寝は2時15分（日本時間3時15分）。かくて初日は終わりぬ。

●8月31日（金）晴　第2日目はパース観光。

スワンタワー

朝10時に宿を出てフェリーターミナルに向かって歩いて行った。

港に着くとまず目に入るのが高さ6、70mのスワンタワー。港では二階屋根なしの観光バスやレトロ調の遊覧バスが客待ちをしていた。港近くのステアリングガーデンにも行ってみたが、広い芝生とよく手入れされた樹木類でなかなか雰囲気の良い公園だった。昼食は近くの海上レストランで適当に注文して食べたが、冷えたビールが旨かった。午後はこの港から遊覧船に乗って隣町のフリーマントルまで約1時間の船旅。フリーマントルではフリーマーケットを覗いてみて、小さなコアラ12匹のぬいぐるみのお土産を2つ買った。帰りはフリーマントル駅から電車でパースまで。電車で気に入ったのは自転車を持ち込めること。

宿に戻ってしばらくして呉山さんのグループ（呉山さん、染川さん、平野さん、宮本さん）が戻ってきた。その後OZが来て1年振りの再会で、握手したりハグしたりして挨拶した後、全員で乾杯して再会の喜びを分かち合った。今日のハイライトはOZとの再会パーティー。今日の宿もヴィラ　ゴング。

●9月1日（土）晴　第3日目はパース⇒アルバニー移動。

今朝は出発間際になって鈴木さんのヘルメット騒動で大変だった。8時頃宿を出て30分ほど歩いてバスターミナルへ。バ

スは9時の出発。2回の休憩を挟んでアルバニー駅前に3時50分到着。約7時間のバス旅行だった。途中の景色は牧場あり、菜の花畑ありの単調な景色の連続だった。アルバニー駅前から歩いて宿舎へ。夕食は街へ出て香港レストランで会食。オーストラリアのレストランはそのほとんどがBYO（Bring Yourself Own）でアルコールの持ち込みOK。そこでリキュールショップで買ったビールを持ち込んで皆で飲みながら食事をして楽しかった。部屋に戻ってからウィスキーを飲んでまたまた盛り上がった。今夜の宿はYHA オーストラリア。

●**9月2日（日）晴**　第4日目はアルバニー観光で50km。

今日は自転車の組み立てから始めたが、思うようにはかどらない。特にタイヤの空気を入れるのにだいぶトラブった。ほとんどノーチェックで出発したが、メーターの不作動、これはセンサーを少し動かして

ザ ブリック アミティ

OK。しかしクランク歯車の歯が曲がっているのには参った。こんなのは今回が初めて。昼食時に石川さんに工具を借りて直した。

宿から走り始めてすぐに崖を下りて線路を跨いで渡ったのにはちょっとびっくり。あとはサイクリング道路と一般道も走ったが車も少なくてほとんど問題なし。最初にホエール ワールドに行って見学、食事、散策で楽しかった。ホエール ワール

ドからの帰り道、最初の寄り道をパスしてしまってドロシーと2人で30分以上後続隊を待った。その後ブロー ホール、ギャップ アンド ナチュラル ブリッジに行って雄大な自然を堪能した。そこからの帰り道は時々道に迷ったりして薄暗くなってしまったが何とか無事に宿に到着した。今日の宿もYHA オーストラリア。

●9月3日（月）晴　第5日目はアルバニー～デンマークの60km。

アルバニー近郊

鈴木さんのヘルメット購入到着を待って9時45分に出発。今日は約60kmの多少坂道もある道だったが、牧場の中の道をひたすら走った。途中エミューや大蜥蜴(とかげ)にも出会った。ウッド ワーク ギャラリィで昼食。ここで木製の蛇のおもちゃをお土産に購入。午後はワイナリーもあって楽しいライドだった。

宿には3時15分と早目の到着で、シャワーを浴びたり荷物の整理をしたり十分時間が取れた。夕食は中華レストランで会食。今日までのところは順調に来ている。今日の宿はYHA ブルー レン。

●9月4日（火）雨・晴　第6日目はデンマーク～ウォルポールの90km。

出発時刻の8時頃から雨が降り出して、結局今日1日ほとん

ど雨だった。出発時に雨具の上着を着ようと思ったらファスナーがうまく動かず、オイルを差してもらって何とか出発に間に合った。出発後3時間ぐらい下痢気味で参った。そのため隊列から大幅に遅れてしまい、皆に追い付くためにだいぶ焦った。その間ベロニカさんが後に着いてくれて心強かった。

　それにしても今日のコースは次から次と登り坂が現れてだいぶ悩まされた。また、途中立ち寄ったウィリアム ベイもバリー オブ ザ ジャイアンツもなかなか良かった。日本では見られない雄大なもので感激した。ウォルポールまでの道も登りが多くてYHAに着いた時には疲労困憊。身体は濡れているし疲れているし、しかしミーティングルームで暖炉で温まってようやく気分回復。今日は1日大変だった。今日の宿はYHAオーストラリア。

● **9月5日（水）晴・俄雨**　第7日目はウォルポール～シャノンリバーの70km。

今日は6時半の起床で昨日の濡れた雨具等を整理して朝食。ゆうべ毛布が分からずちょっと風邪気味。出発は8時。今日のコースは森林コースで100m級の大木の中を走った。多少のアップダウンはあったが非常に良いコース。途中の森林休憩所で昼食後シャノンリバーキャンプ場には2時前の早々の到着。部屋割りで我々日本人は

ウォルポール近郊

コテージに入って、OZはテントを張ってそこで寝る。夕食までの少しの時間、ビールを飲んだり森林ウォークをやったり自然の真っ只中にいるのを十分に感じる。夕食はOZが作ってくれて電気のない中で食べて旨かった。しかしこんな自然の中のキャンプもなかなか良い。今日の宿はシャノン ロッジ。

●**9月6日（木）晴** 第8日目はシャノンリバー〜ペンバートンの70km。

ゆうべは床の上に皆さんから借りたマットを敷いて、防寒のために雨具を着て更に靴下を履いて寝たが、それでも寒かった。ウトウトしたがほとんど寝ていない感じ。朝は明るくなってきた6時頃に起床。出発の準備をして食事をして8時過ぎに出発。今日は天気が良くて快適な走りだった。巨木の中の道、牧場の中の道が延々と続いた。ペンバートンには1時頃着いて小休止の後ビッグ ツリィの見物に出掛けた。3時過ぎの帰着で4時頃チェックインでようやく部屋に落ち着いた。夕食はOZが作ってくれて楽しかったが、ビールのないのが残念だった。今日の宿はYHA オーストラリア。

●**9月7日（金）雨** 第9日目はペンバートン観光で10km。

今日は実質的な休養日でペンバートン観光。朝食後カリー ヴィジターズ センターに行って絵葉書・ハットバッジを買い展示物を見てきた。その後トラムに乗って森林見物に行った。森林開発をした森林鉄道をジーゼルカーで1時間。2ヶ所で途中下車して川と森林の小道を歩いてUターン。帰りは30分。パン屋で昼食後ほとんどの人はクルージングに行ったが、

自分と菅原さんはやめて本日の宿舎に先行することにした。9km離れたフォレスト ステイには自転車では自分とベロニカさんの2人だけ。フォレスト ステイに到着して小休止の後、クルージングに行った人達

トラム

の自転車をトラックで運んだ。クルージングの連中は薄暗くなって心配したが、5時半頃全員帰着。夜は雨が降って明日が心配。

今日の宿はフォレスト ステイ。

●9月8日（土）曇・小雨・晴　第10日目はペンバートン⇒ナンナップ移動。

今日の天気予報が雨模様ということでバスで移動することになった。OZ6名は自転車で先に出発したが、我々は借り上げのスクールバスで移動した。20kmほど先で自転車組を追い越して、10時半頃にナンナップのコテージ村に到着した。コテージは別荘のような感じで大満足。小休止の後ナンナップの街に買出しに出掛けた。食材とアルコールを購入して荷物は車で運んでもらって、我々は森林の中の道を約10km歩いてコテージに向かった。コテージに着いて昼食。ビールを飲んで軽食を食べて、今日は英気を養うに十分だった。その後10日振りに風呂に入って皆さん大満足。夕食はバリィさん夫妻とベロニカさんが来てくれて楽しい会食だった。ただ走るだけでなく楽しい

時間を持つことも考えないといけない。今日の宿はコテージ。

●**9月9日（日）晴**　第11日目はナンナップ～オーガスタの120km。

　朝8時の出発で、昨日のナンナップの街中を通って朝霧の中を走って最初はムーディで良かった。しかし走り始めると森の中の道路と牧場脇の道の連続で風景に変化がない。それだけ国が大きいのは分かるが、ただ闇雲に走るだけだがまあそれはそれで良い。走っていると車も少なくて鳥の鳴き声や蛙の鳴き声が聞こえてくる。午後1時にようやく昼食。そこで飲んだビールが旨かったが、後で山本さんに「危ないよ」と注意されてしまった。

　オーガスタのYHAに着いて部屋割りをした後、オーガスタ灯台まで行ってきた。アップダウンの激しい道を走ったが、オーストラリアの西南端まで行って左側が南大平洋・右側がインド洋を見て大満足。ホエールウォッチングは残念ながら空振りだった。今日の宿はYHA オーストラリア。

●**9月10日（月）晴**　第12日目はオーガスタ～マーガレットリバーの70km。

　朝8時の出発で、途中ハイムライン ベイに立ち寄って綺麗な海岸線を見て、次にレイク ケイブの鍾乳洞を見て、昼食なしでマーガレットリバー YHAまで来た。途中の道は森林の中の道の連続で全然変化がなく、時々牧場も現れるが一日中同じ景色の中を走っている感じ。鍾乳洞は地底深く入り込んでなかなか綺麗だった。17$の料金は少し高目だし案内人の説明も分からないが、二度と来ることがないと思えば見てきて良かった。

遅い昼食後街に出て買物をして、夕食はまたOZの世話になった。宿舎はYHAだが、ベッドの配置とか夜風呂のお湯が出ないとかあまり条件が良くない。今日は石川さんの自転車のパンクとチェーン切れ。宿舎のお湯の使い過ぎで3人が風呂もシャワーも使えず。今日の宿はYHA オーストラリア。

● **9月11日（火）晴** 　第13日目はマーガレットリバーのフリーデイ。

ゆうべの雨で今日の天気を心配したが、徐々に回復して9時頃には晴天になった。午前中海岸に自転車で行く予定にしていたが、雨の心配もあるし昨日の海岸と同じような景色だろうと思って行くのをやめた。鈴木さんと星野さんと3人で街に出てブラブラ歩いてきた。午後はワイナリーツアーで今回の旅行の目的の1つ、山本さん・菅原さん・星野さん・私の4人とOZ5人の9人で4時間半のツアーに参加した。ワイナリー4ヶ所、チョコレート工場1ヶ所、チーズ工場1ヶ所の合計6ヶ所。ワイナリーでは利き酒程度で、ワインの味が分かるわけでもなし、ただ色々と飲んだというだけ。夕食は街に出て中国レストランに行ったが、注文してから30分以上という感じでイライラが募った。今日の宿はYHA オーストラリア。

● **9月12日（水）雨・晴・暴風雨** 　第14日目はマーガレットリバー〜ブッセルトンの70km。

ゆうべも大雨で今日のランを心配したが、出発時は小雨程度だったので予定通り出発した。雨が予想されたので完全装備で出発したが、途中で軽装になって走り始めたら雨が降り出して

昨日のワイナリー

びしょ濡れ。おまけに風も出てきて、午前中のコーヒータイムの頃には強風と大雨でまるで台風。1時間程度で雨も上がったので走り始めたが、今度は強い追い風と緩い下り坂で最高のコンディションとなり、今までで最高のライドとなった。昼食後も平地の追風でまずまずだった。

　宿泊地に着いてから夜のアルコールを買いに、4km先のリキュールショップに行ってビールとウィスキーを買ってきた。夜はOZが作ってくれたカレーを食べ、ビールとウィスキーを飲んで話をして楽しかった。今日は強風と雨、天候の急激な変化等1日で色々な経験ができた。今日は神藤さんの自転車がパンク。今日の宿はシエスタ パーク。

● **9月13日（木）晴**　第15日目はブッセルトン〜ハンバリーの70km。

恐い道路

朝方小雨が降ったり止んだりだったが、出発したら雨も止んで青空も出てきた。出発地点からジェティまでは海辺のサイクリング道路を走って気持ち良かった。昨日までは森林道路ばかりだったので清々しい気分で走った。ジェティの長い桟橋も珍しい建造物で、世の中には

色々なものがあるということ。そこからしばらく走ってから幹線道路脇を走ったが、車が時速100km前後で走っているので恐い気分だった。しかし今日は天気が良くて良かった。YHAに2時過ぎに着いて荷物を部屋に入れた後、皆でビールで乾杯して旨かった。

夕食前に海岸に散歩に行ったが、広々として気持ち良かった。夕食は街に出て日本食堂に行ったが、ホカホカ弁当のような感じだったが旨かった。今日の宿はYHA オーストラリア。

● **9月14日(金)雨**　第16日目はハンバリー〜ダウスビィレの90km。

朝出発して30分も走ったところで大雨となり、全員ずぶ濡れ。おまけに道を聞くのに時間を食ってしまったが、何とか走り始めた。追い風の予想は全く外れて強い向かい風。途中一時晴間も出たがまた雨が降り始めた。コーヒータイムの休憩所では大雨で出発できず雨が止むのを待ったが、結局1時間半ほどいたが回復の見込みなしということで雨の中を出発した。次の休憩所で立ち食い休憩の後、再び雨の中を走り始め、3時過ぎにようやくキャラバン パークに到着した。

到着後、雨も上がって青空も出てきた。部屋割りも終わって荷物を入れたところで、残りのウィスキーで乾杯。夕食はまたバーベキューで質量共に充分で旨かったが、屋外の食堂で寒くて参ったのと、アルコールがなくて残念だった。夕食後、我々の部屋に全員が集まって、神藤さん67歳の誕生日を祝った。今日は成田さんがパンク。今日の宿はキャラバン パーク。

●**9月15日（土）曇**　第17日目はダウスビィレ〜フリーマントルの80km。

勢揃い

　朝8時の出発でまたもや雨が降ったり止んだり。海岸線を走るので追い風を期待したが、結構向かい風が強くて大変だった。また海岸線を走って初めて砂嵐の洗礼を受けた。フリーマントルの街に入ってからも迷走して、ようやくYHAに到着した。ここのYHAは街中の良い位置にあって、明日のフリーデイはうまく行きそう。

　YHAに着いてからビールを買いに街に出たが、土曜日で近くのスーパーが休みで、1時間半ほどほっつき歩いてようやくビールを買ってきた。これで皆で完走祝いをやって盛り上がった。YHA内では一般の日本の人達にも会って話ができて楽しかった。ビールを買いに一緒に行ってくれたアーサーさんに感謝。今日の宿はYHA オーストラリア。

●**9月16日（日）晴**　第18日目はフリーマントルのフリーデイ。
　最初の計画ではロットネス島に行く予定だったが、急遽取り

やめになってフリーデイになった。島に行った人も何人かいたが、私は街の散歩と買物にした。2、3ヶ所の観光場所を見てから港のフリーマーケットに行って孫達へのお土産を買い、街の日本食堂でラーメンを食べ、バーでビールを飲んで楽しかった。一度YHAに戻って荷物を置いて、再びマーケットに行って今度は自分のものを買ってきた。戻って着てみたらサイズが小さくて再度交換に行ってきた。夕食はフィッシュ＆チップスに行って食べたが、ビールが高くてちょっとびっくり。しかし今日はのんびり休日でこれもまた楽しかった。今日の宿もYHA オーストラリア。

●**9月17日（月）晴・曇・小雨**　第19日目はフリーマントル～パースの40km。

全員完走

朝、自転車を出してみたら前輪の空気が抜けていて、まずパンクと考えて予備チューブと入れ換えた。朝食抜きも考えたが何とか30分ぐらいで完了。9時の出発で幹線道路を走るのではなく、川沿いの道を探しながら走った。だいぶアップダウンがあったがパースに近づくにつれて平坦になり、最後はサイクリ

ング道路を走ってキングス パークに到着した。キングス パークで2時間ほど過ごしてから宿舎に向かい、3時前にパース駅近くのグローブに到着した。荷物を運び込んでシャワーをあびて一休みしてからビールを買いに行ってきた。夕食は皆で日本食堂で会食し、菅原さんとメアリーさんの誕生祝いをやって盛り上がった。今日の宿はグローブ。

●9月18日（火）晴・雨　第20日目はパースのフリーデイ。

今朝はゆっくり起きて、朝食後9時過ぎから自転車のダンボール詰め作業をやった。洗濯物等を詰め込んで多少重量オーバーかもしれないが、誤差の範囲で見逃してくれることを期待している。荷造り終了後宿舎向側のサイクルショップに行って、ウェアと手袋とスモールライトを買ってきた。それから街に出てオパール店でユーカリリーフのアクセサリィを購入した。昼食はウドンを食べて早目の帰宅で、早速シャワーを浴びて髭も剃りビールを飲んで楽しんだ。夕方山本さんがプロポリスとロイヤルゼリーを買ってきたのを見て、その店を教えてもらって買いに行ってきた。これでお土産は終わり。今日の宿もグローブ。

●9月19日（水）晴　第21日目はパース⇒シンガポール移動。

朝7時起床。朝食後出発の準備をして10時45分、小型バスで空港に向けて出発。宿舎の前ではOZと最後のお別れ。OZは全員で見送ってくれてハグの連続。11時半頃空港に着いて、昼食後しばらく時間を潰して1時頃チェックイン開始。大型バッグの持ち込み禁止で小さなバッグに必要な物を詰め替えて、

結局預け荷物は2つで土産物の破損が心配。2時頃から出国手続きが始まって、洗面用具が摘出されて小型折りたたみ鋏が没収されてしまった。2時間余り出発ロビーで過ごし、その間、現金＋CARDでついにワインを買ってしまった。離陸は少し遅れた程度。

　　パース国際空港15時55分出発　シンガポール航空SQ226便
　　シンガポール国際空港21時15分着
　　1時05分出発　シンガポール航空SQ672便
　　中部国際空港8時35分着

●**9月20日（木）晴**　第22日目はシンガポール⇒中部国際空港⇒平塚移動。

　朝8時20分予定通り中部国際空港に到着。しかし預けた荷物のバッグが破れていて、空港事務所で損害証明書を書いてもらった。また自転車を宅配便に頼もうと思ったら、クランクが箱から飛び出していて箱を開けて詰め直した。そんなトラブルで皆さんとお別れの挨拶が遅れてしまった。

　帰路は名鉄で豊橋まで来て新幹線で帰り、2時半頃平塚到着。今回の旅行を総括して、まず事故もなく大成功と思う。細かい点で言いたいことはあるが反省会で。

> 今回の旅の教訓
> 1．**自転車のペダルを外す場合には、クランクをフレームに縛り付けること。**
> 2．**ダンボール箱は大き目のゆったりサイズを使用した方が良い。**

第3章　Rail trail ride in Victoria 2009

　平成21年（2009）11月2日～11月20日の19日間、ヴィクトリア州のRAIL TRAIL 570kmを走った。

●**11月2日（月）晴**　第1日目は平塚自宅⇒中部国際空港⇒台北⇒香港。
　中部国際空港には出発2時間前に到着。宅配便窓口で自転車を受け取って早目の搭乗手続きをした。重量制限には引っ掛からなかったが、自転車だけで20kgとはちょっとがっくり。

　中部国際空港16時50分出発　CATHAY PACIFIC航空CX531便
　台北空港発　CATHAY PACIFIC航空CX531便
　香港空港23時55分発　CATHAY PACIFIC航空CX101便

●**11月3日（火）晴**　第2日目は香港⇒シドニィ⇒レイク マッコーリィ。
　シドニィ空港着12時頃。空港で大勢の出迎えを受けて感激。自転車は組み立てて、ダンボール箱と共にラリーさん宅へ搬送。我々は電車でレイク マッコーリィへ。どこかの駅で降りて皆それぞれホームステイ先に向かった。
　我々2、3人はテッドさんの家に寄ってまずビールを飲んで、その後皆でバーベキュー。初日から大歓迎で大感激。夜はスタ

ン・ベネッサさん宅にホームステイさせてもらって感謝。今日の宿はスタンさん宅。

●**11月4日（水）曇**　第3日目はニューキャッスル観光。

　　　　　ニューキャッスル ベイ　ノビーズ ビーチ

　今日はニューキャッスル観光で、まずノビーズ ビーチに行ったが、ここは6年前に最初に来豪した時に来た所。そこの公園でバーベキューをして、それからニューキャッスル動物園へ。ここも前回来た所。そして夜は大勢の人達が集まってくれてパーティーが開かれた。これもテリーさんに連れて行ってもらったのと同じような所で楽しかった。今日の宿もスタンさん宅。

●**11月5日（木）曇・雨・晴**　第4日目はレイク マッコーリィ⇒シドニィ⇒ウォドンガ移動。

　朝7時の出発で、途中シドニィのラリーさん宅に寄って自転車と荷物を積み込んで10時頃に出発。途中2回ほど休憩して全行程7、800km。ほとんど1日中バスに乗っていたが、景色は全然変化なしでこの国の大きさを感じる。

　ボーダーランド ホリデイ パークに到着後は自転車の組み立てと身辺整理。その後テント設営をしてから近所のレストランに行って食事。就寝は10時過ぎになってしまった。今日の宿はボーダーランド ホリデイ パークキャンプ場。

●11月6日(金)晴　第5日目はウォドンガ〜ムルワラの90km。

RAIL TRAIL RIDEへいざ出発

　朝方は寒くてウィンドブレーカーを着て寝ていた。6時頃明るくなってきたので、起きて身辺整理をして食事。その後テントを撤収して8時に出発。全行程の中で今日が最も長い距離。今日のコースは平坦で車が多少走っていたがほとんど問題なし。軌道敷跡ということで少し期待していたが、最初に少し線路があっただけで今日はなし。途中の道端で昼食。スタンさん夫妻が伴走車で全員の昼食を賄ってくれていて感謝感激。昼食後2時間ほどでムルワラに到着。早目の到着で洗濯と身辺整理をしてテント設営。夕食もスタンさん夫妻の料理で本当に有り難い。今日の宿はレイクサイド　キャラバン　パークキャンプ場。

●11月7日(土)晴　第6日目はムルワラ〜ベナッラの80km。

　朝の行事は昨日と大体同じで8時の出発。最初に公園とスーパーに寄って小休止。その後は2時間50km休みなし。道路状況は多少のアップダウンがあったがほとんど問題なし。しかし2時間50km休みなしには参った。2、30km走って休憩を期待

したが、その兆しがなくてずるずると50km走ってしまった。明日以降は改善を要求する。

　ベナッラ到着が早かったので街に出掛けてボタニックガーデンに行き、公園内で行われていた結婚式も見てきた。帰りがけにリキュールショップでビールを買って、そこからの帰路を間違え30分ばかり余計に走ってしまった。夜はまた楽しかったが、当グループのミーティングは中身の充実が必要。今日の宿はレイシュア　パークキャンプ場。

●11月8日（日）晴　第7日目はベナッラ〜ワンガラッタの40km。

　6時起床の8時出発はいつもと同じ。出発前にラリーさんにチェーンとガイドの接触音を直してもらって、今日1日快適な走りだった。グレンローマンの街で「ケリー　カントリー　クラシック2009」というサイクリング大会があり、記念のウェアを買った。またグレンローマン　フェスティバルがあって、楽しいお祭りとネッド　ケリーのアトラクションがあって楽しかった。今日の走行距離は40kmと少ないが、こう

ケリー　カントリー　クラシック　2009

ネッド　ケリー

いう旅も楽しい。

　今日の宿はペインターズ　アイランド　キャラバン　パーク　キャンプ場。

●11月9日（月）晴　第8日目はワンガラッタ～ビーチワースの60km。

　今朝も8時の出発。今日は今回初めてRAIL TRAILを走ってなかなか良かった。RAIL TRAILは、軌道敷の跡に細かい砂利を敷いてあって少し走りにくかったが、安全面を考えればこの方が良い。エルドラドの金鉱跡に入る時に、砂利の下り坂道で危うく転倒するところだった。

　エルドラドから再びRAIL TRAILに戻ってエベルトンの駅舎跡で昼食。ここにもスタンさんの車が来てくれて、本当に彼には感謝している。午後は15kmの連続上り。先頭には追い付けなかったが、テッドさんに抜かれて3位で上りきった。ビーチワースではキャンピングパークが分からなくてうろうろしたが、何とか到着した。

　一休みした後、街に出た。街は古めかしい感じだったが、自転車屋で工具用バッグを買いスーパーでビールを買ってきた。今日も1日楽しかった。今日の宿はレイク　アンベル　キャラバン　パークキャンプ場。

●11月10日（火）晴　第9日目はビーチワース～ブライトの60km。

　今朝も8時の出発。ビーチワースの街を少し見てからRAIL TRAILへ。多少の上りもあったが豪快な下りもあってスピー

ドを満喫した。ギャップステンドではワイナリーに寄って小休止。昼食後は軽い上り30kmだったが、ほとんど平地感覚で走れた。ブライトの街に着いてからまたキャンプ場を探して何とか到着した。早目の到着で、テントの設営と洗濯。今夜はレストランで会食。RAIL TRAILは細かい砂利敷きで多少走りにくかったが、安全を考えれば快適なライドである。

ユーロビン駅跡

　今日の宿はブライト キャラバン パークキャンプ場。

● **11月11日（水）晴**　第10日目はブライト フリーデイの20km。

　今日はフリーデイの休息日。いつもより遅目の起床で、食事の後は地図を頼りにサイクリングコースを走ったが、途中で道がなくなってしまってサイクリングは断念。ブライトの街に出てレイルミュージアムに行ったら、休日の午後2時間しか開館しないということでアウト。それで外から眺めただけ。街なかに来たら、第2次世界大戦の戦没者慰霊祭をやっていたので1時間ばかり見ていた。午後はやることもなく、再度街に買物に行って後はごろごろ。今日はこれで終わり。

　今日の宿もブライト キャラバン パークキャンプ場。

● **11月12日（木）晴**　第11日目はブライト〜マウントビューティの30km。

ブライトを出発

　今朝は準備が早目にできたので7時45分の出発。今日のコースが全行程の中で最もキツいコースと聞いていたので覚悟はしていたが、実際は多少キツいといった程度で中程度の峠越えだった。上りは先頭に置いていかれたが、下りは豪快だったがカーブが多くてあまりスピードを出せなかった。全行程が30km足らずだったのでマウントビューティには午前中に着いてしまい、テントの設営から身辺整理までが午前中に終わってしまった。昼食後街に出掛けたが小さな街で、細かい土産品を2、3買ってきた。連日の暑さで水着を持ってこなかったのが残念だった。

　今日の宿はホリデイ　センターキャンプ場。

●**11月13日(金)晴** 第12日目はマウントビューティ〜タンガラッタの80km。

ゆうべは大風で一瞬雨かと思ったが、満天の星空で風ということが分かった。朝7時30分の出発で最初はサイクリング道路を走ったが、途中から一般道路を走った。時々少しの上りもあったがほとんどが下りで、快適に飛ばしてこれぞサイクリングという醍醐味を味わった。先頭の2人(アーサーさん、サムさん)のペースがちょうど自分のペースに合っていて最高に楽しかった。昼食後はタンガラッタまで上り下りの連続で参った。夕方街に散歩に行ったが、小さな街で小物を土産に買ってきた。
今日の宿はレイクランド キャラバン パークキャンプ場。

●**11月14日(土)晴** 第13日目はタンガラッタ〜ウォドンガの50km。

今朝方も寒かった。今日も7時35分の出発。最初はヒューム湖のRAIL TRAILを走ったが、大粒の砂利道で走りにくかった。ただ道は平坦で景色も良かったが、悪路のため周りの景色はほとんど見ることができな

鉄道車両の残骸

かった。途中で貨車・ディーゼルカーの廃車を見た。少し走って一般道に出てやれやれといった感じ。昨日走った道をだいぶ戻って、ウォドンガとタンガラッタの分岐点で一休み。30分ほど走ってウォドンガの街に入ったが、そこからキャンピング

パークまでの道が分からず、街を縦断するかたちでようやく到着した。これで今回のサイクリングは無事終了。全走行距離490km。

今日の宿はボーダーランド ホリデイ パークキャンプ場。

【実走行8日間の総括】

1日平均60km余りというのは、ちょうど良い距離なのかもしれない。何かを見物したり街で買物をしたりする時間があって良かった。今回はRAIL TRAILということだったが、全走行距離の半分以下でこれは致し方なし。フリーランも十分あってサイクリングを満喫した。

●11月15日（日）晴　第14日目はウォドンガフリーディで20km。

アルバリィ ボタニック ガーデン

朝8時の出発で、隣町のアルバリィまで行ってきた。大きな公園（アルバリィ ボタニック ガーデン）を散歩して、街の教会を見せてもらって厳粛な気持ちになった。大きな無人駅（アルバリィ駅）もあって、1日何本の列車が来るのか分からないが、旧き良き街といった感じだった。午後は昼寝の後スーパーに買物に行って、自分の物と孫の土産を少し買ってきた。不足分はシドニィで買う。今日で2週間、アッという間の感じで、明日はシドニィに戻って最後の観光をする。

オーストラリア・ライド編

今日の宿もボーダーランド ホリデイ パークキャンプ場。

● 11月16日（月）晴　第15日目はウォドンガ⇒シドニィ移動。
　朝5時起きで7時の出発。8時間半で約600kmの旅は、往路と同じコースで単調なドライブ。3時半にラリーさん宅に着いて、ここでOZとはお別れ。家に入って荷物の整理をしてリラックス。トイレ問題を考えて公園の偵察に行ってきたが、徒歩15分くらいでちょっと遠い。食後はラリーさんの話を聞いて楽しかった。今日の宿はラリーさん宅。

● 11月17日（火）曇　第16日目はシドニィ観光。

豪華客船とハーバーブリッジ

　朝7時半の出発で、近くの港まで歩いてフェリーでシドニィ港まで。オペラハウスとロイヤルボタニックガーデンを散策し、タロンガ動物園ではイルカショウとバードショウを見てなかなか楽しかった。その後マリンビーチで海岸散策をし、10$ステーキの夕食を食べたが旨かった。食事の後シドニィに戻りハーバーブリッジを歩いて渡ったが、途中でベロニカさんに会い橋を下りた所でサムさんに会って、傍のパブに入って皆で乾杯。今日は一日楽しかったが、帰りの時間が気になって仕方がなかった。今日の宿もラリーさん宅。

●11月18日（水）晴　第17日目はブルーマウンテン観光。

スリー　シスターズ

朝7時の出発で、ラリーさんが車で駅まで3回ピストン輸送をしてくれた。メドウバンク駅から電車に乗ってカットンバ駅まで。そこからバスに乗ってブルーマウンテンまで。11時少し前に到着して、まずスリーシスターズを見て、後はラリーさんの案内でウォーキング。ケーブル・レールウェイにも乗って充分にブルーマウンテンを楽しんだ。帰りはレイラ駅から乗車して、朝乗車した1つ先の駅で下車し、駅前のインド料理店で夕食会。サムさんとハイジさんも来てくれて楽しかった。インド料理もなかなか良かった。昨日今日とシドニィの良さを満喫した。今日の宿もラリーさん宅。

●11月19日（木）晴　第18日目はシドニィ オリンピック公園ライドで40km。

朝8時の出発で、ラリーさんの案内でオリンピック公園に行ってきた。オリンピック公園までは20km余りだが、アップダウンが激しくて参った。公園はきれいに整備されていてなかなか良かった。2000年にオリンピックが開催され、その後は一般に開放されているようである。公園近くの大きな総合店でランチと買物をしたが、お目当てのバッグはなかった。

帰宿は2時で、これで全ての日程は終了。長いようで短い

オリンピック公園を背に望む

オーストラリア旅行だった。帰宿後自転車の箱詰め作業をやって一段落。今日の宿もラリーさん宅。

●**11月20日（金）晴**　第19日目はシドニィ⇒香港⇒中部国際空港で帰国。
　シドニィ空港8時35分出発　CATHAY PACIFIC航空CX110便
　香港空港16時30分出発　CATHAY PACIFIC航空CX532便
　中部国際空港21時頃到着

　朝4時起きで軽い朝食の後、5時半前に出発。空港までは3、40分。空港では大勢のOZの見送りを受けて、8時半出発の予定が約1時間遅れで離陸。香港までは約9時間。機内でのサイクリングの原稿執筆はだいぶはかどった。香港の乗継時間は1時間。ここは予定通りで、中部国際空港には予定通り午後9時頃に到着。入国手続きをして荷物を受け取ってばらばらに解散。自分は宅配便の送付手続きをしてから名鉄で名古屋まで。名古屋で深夜バスを探したが満席でだめ。仕方なく駅前のビジネスホテルで泊まることにした。今日の宿は名古屋駅前のビジネスホテル。

今回のオーストラリアサイクリングも今日で終り。大きな事故もなく、かすり傷程度で皆さん大満足の様子。自分も勿論大満足。細かいところでは多少問題もあったが、終ってしまえば後に残らない。OZの皆さん、山本さんをはじめとするabcRIDEの皆さんに感謝申し上げます。

●11月21日（土）晴　第20日目は名古屋⇒伊勢原で帰宅。
　朝8時のJR高速バスで帰宅。

再出版のあとがき

　拙書『自転車は生き甲斐』の再出版の話は文芸社より今年（2018年）の3月頃頂いた。
　きっかけは、昨年秋に房総半島縦断サイクリングの途中の道の駅で、現在の千葉県出身で、有名な「名工波の伊八」を描いた文芸社の本を買って読んで愛読者カードを送ったことだった。カードには出版の経験の有無の欄があったので『自転車は生き甲斐』の実績有と書いて出したところ、文芸社より問い合わせがあったので直ぐに本書を送った。更に2～3回の電話応答で「オーストラリア編」の原稿を送って見てもらったところ、『自転車は生き甲斐』の日本一周編に「オーストラリア編」を加えることで再出版の方針が決まった。
　この「オーストラリア編」の3話は日本一周の合間に行ったものであり、国内でも未知の土地を自転車で走る意欲は今でも旺盛で、ましてや国外を自転車で走るというのは夢のような話であった。そして実際に走ってみて国内では味わえない楽しさを充分に満喫してきた。この貴重な経験は私の人生に大きな一頁を刻み付けてくれて一生忘れることはないと思う。
　また日本一周ライド及びオーストラリア・ライドで、オーストラリアのサイクリングクラブメンバーの皆さんと一緒に走れたのは、私をabcRIDEのメンバーに加えて頂けたからできたことであり、そういう意味でabcRIDEの歴代会長と会員の皆さんには衷心から感謝を申し上げる。
　この日本一周とオーストラリアサイクリングは私のこれから

のサイクリング人生に自信を与えてくれた。今年（2018年）4月には3台目のロードバイクを購入したが、残りの人生はこのバイクと共に歩んで行く。

　また再出版に当たっての登場人物の顔写真とお名前についてであるが、誰それと判別できる写真は極力使用しないこととし、お名前についてもフルネームは極力使用しないで苗字のみ、または名前のみを使用させてもらった。特にabcRIDEの皆さんについては、日本一周編とオーストラリア編の両方に頻繁に出てくるが、このように取り扱わせてもらった。

著者プロフィール

飯田 昇治（いいだ しょうじ）

昭和11年	東京都世田谷区に生まれる
昭和34年	早稲田大学第一理工学部数学科卒業
昭和34年	日立製作所戸塚工場入社 ディジタルコンピューター設計担当
昭和63年	アキタ電子株式会社入社 ソフトウェア開発センター長
平成8年	アキタ電子株式会社定年退職
平成23年	日本一周サイクリング完結

自転車は生き甲斐
63歳からの日本一周15,000キロ＆オーストラリア・ライド

2018年11月15日　初版第1刷発行

著　者　　飯田　昇治
発行者　　瓜谷　綱延
発行所　　株式会社文芸社
　　　　　〒160-0022　東京都新宿区新宿1－10－1
　　　　　　　　　　　電話　03-5369-3060（代表）
　　　　　　　　　　　　　　03-5369-2299（販売）

印刷所　　株式会社フクイン

©Shoji Iida 2018 Printed in Japan
乱丁本・落丁本はお手数ですが小社販売部宛にお送りください。
送料小社負担にてお取り替えいたします。
本書の一部、あるいは全部を無断で複写・複製・転載・放映、データ配信することは、法律で認められた場合を除き、著作権の侵害となります。
ISBN978-4-286-19989-4